1 MONTH OF
FREE
READING

at
www.ForgottenBooks.com

By purchasing this book you are eligible for one month membership to ForgottenBooks.com, giving you unlimited access to our entire collection of over 1,000,000 titles via our web site and mobile apps.

To claim your free month visit:
www.forgottenbooks.com/free931544

ISBN 978-0-260-15904-5
PIBN 10931544

ŒUVRES
DE THÉATRE
DE
M. DE BOISSY;

DE L'ACADÉMIE FRANÇOISE,

NOUVELLE ÉDITION,

Augmentée de trois Pièces.

TOME SECOND.

A PARIS,

Chez la Veuve DUCHESNE, Libraire, rue Saint-Jacques,
au-dessous de la Fontaine Saint-Benoît,
au Temple du Goût.

M. DCC. LXVI.
Avec Approbation & Privilége du Roi.

TABLE

Des Pièces contenues dans ce second Volume.

LE FRANÇOIS

A LONDRES,

COMÉDIE EN PROSE,

De M. de Boissy, de l'Académie Françoise ;

Représentée, pour la premiere fois, par les Comédiens François, le 19 Juillet 1727.

Tome I.

ACTEURS.

LE MARQUIS DE POLINVILLE,
LE BARON DE POLINVILLE, } Français.

E L I A N T E, Veuve Angloife.

M·I L O R D C·R A F F, Père d'Eliante.

MILORD HOUZEY, Fils de Milord Craff.

J·A·CQUES ROSBIF, Négociant Anglois.

FINETTE, Servante Françoife.

La Scène est à Londres, dans un Hôtel garni.

LE FRANÇOIS
A LONDRES,
COMÉDIE.

SCENE PREMIERE.

LE BARON DE POLINVILLE,
LE MARQUIS DE POLINVILLE.

LE MARQUIS.

 E n'étoit pas là peine de me faire quitter Paris, le centre du beau monde & de la politesse ; & je me serois bien passé de voir une Ville aussi triste & aussi mal élevée que Londres.

LE BARON.

Je t'excuse, Marquis ; tu en parlerois autrement, si tu avois eu le tems de la mieux connoître.

A ij

LE MARQUIS.

Non, Baron ; je connois affez mon Londres ,
quoique je n'y fois que depuis trois femaines.
Tiens , ce que les Anglois ont de mieux, c'eft
qu'ils parlent françois ; encore ils l'eftropient.

LE BARON.

Et nous l'eftropions nous-mêmes pour la plûpart;
& cependant nous ne parlons que notre Langue ;
leur converfation eft pleine de bon fens.

LE MARQUIS.

Leur converfation ! ils n'en ont point du tout ;
ils font une heure fans parler , & n'ont autre chofe
à vous dire que *How do you?* comment vous por-
tez-vous ? Cela fait un entretien bien amufant !

LE BARON.

Les Anglois ne font pas brillans , mais ils font
profonds.

LE MARQUIS.

Veux-tu que je te dife ? Au lieu de paffer les
trois quarts de leur vie, dans un Caffé, à politiquer ,
& à lire des chiffons de Gazettes , ils feroient
mieux de voir bonne compagnie chez eux , d'apprendre à mieux recevoir les honnêtes gens qui
leur rendent vifite, & à fentir un peu mieux ce
que vaut un joli homme.

LE BARON.

Sçais-tu bien , Marquis , puifque tu m'obliges à
te parler férieufement , qu'il ne faut que trois ou
quatre têtes folles, comme la tienne , pour achever
de nous décrier dans un pays où notre réputation
de fageffe n'eft pas trop bien établie; & que tu as
déja donné deux ou trois fcènes qui t'ont fait connoître de toute la Ville ?

LE MARQUIS.

Tant mieux ; les gens de mérite ne perdent rien à être connus.

LE BARON.

Oui ; mais le malheur est que tu n'es pas ici connu en beau : on t'y tourne par-tout en ridicule ; on dit que tu es un Gentilhomme François, si zélé pour la politesse de ton pays, que tu es venu exprès à Londres pour l'y enseigner publiquement, & pour apprendre à vivre à toute l'Angleterre.

LE MARQUIS.

Elle en auroit grand besoin, & j'en serois très-capable.

LE BARON.

Mais, sçais-tu, mon petit parent, que l'amour aveugle que tu as pour les manières Françoises te fait extravaguer ; qu'au lieu de vouloir assujettir à ta façon de vivre une Nation chez qui tu es , c'est à toi à te conformer à la sienne ; & que, sans la sage police qui regne dans Londres, tu te serois déja fait vingt affaires pour une ?

LE MARQUIS.

Mais, sçais-tu, mon grand cousin, que trois ans de séjour que tu as fait à Londres, t'ont furieusement gâté le goût ? & tu y as même pris un peu de cet air étranger, qu'ont tous les habitans de cette Ville.

LE BARON.

Les Habitans de cette Ville ont l'air étranger ! Que diable veux-tu dire par-là ?

LE MARQUIS.

Je veux dire qu'ils n'ont pas l'air qu'il faut avoir ,

cet air libre, ouvert, empreſſé, prévenant, gracieux, l'air par excellence ; en un mot l'air que
nous avons, nous autres François,

LE BARON.

Il eſt vrai, Meſſieurs les Anglois ont tort d'avoir
l'air Anglois chez eux ; ils devroient avoir à Londres l'air que nous avons à Paris.

LE MARQUIS.

Ne crois pas rire. Comme il n'y a qu'un bon
goût, il n'y a auſſi qu'un bon air, & c'eſt ſans contredit le nôtre.

LE BARON,

C'eſt ce qu'ils te diſputeront.

LE MARQUIS.

Et moi je leur ſoutiens qu'un homme qui n'a pas
l'air que nous avons en France, eſt un homme qui
fait tout de mauvaiſe grace, qui ne ſçait ni marcher, ni s'aſſeoir, ni ſe lever, ni touſſer, ni cracher, ni éternuer, ni ſe moucher ; qu'il eſt par
conſéquent un homme ſans manières ; qu'un homme ſans manières n'eſt préſentable nulle part, &
que c'eſt un homme à jetter par les fenêtres,
qu'un homme ſans manières.

LE BARON.

Oh ! Monſieur le Marquis des manières, ſi vous
trouviez à les troquer contre un peu de bon ſens,
je vous conſeillerois de vous défaire d'une partie
de ces manières.

LE MARQUIS,

C'eſt pourtant à ces manières, dont tu me fais
tant la guerre, que j'ai l'obligation d'une conquête,
mais d'une conquête brillante.

LE BARON.

Voilà encore la maladie de nos François qui voyagent. Ils sont si prévenus de leur prétendu mérite auprès des femmes, qu'ils croyent que rien ne résiste au brillant de leurs airs, aux charmes de leur personne, & qu'ils n'ont qu'à se montrer pour charmer toutes les Belles d'une contrée. Un regard jetté par hasard sur eux, une politesse faite sans dessein, leur est un sûr garant d'une victoire parfaite. Ils s'érigent en petits conquérans des cœurs, & de l'air dont ils quittent la France, ils semblent moins partir pour un voyage, qu'aller en bonne fortune. Mais, Marquis. . . .

LE MARQUIS.

Mais, Baron éternel, ce n'est pas sur un regard équivoque, sur une simple civilité, que je suis assuré qu'on m'aime ; c'est parce que l'on me l'a dit à moi-même, parlant à ma personne.

LE BARON.

Eh ! peut-on sçavoir quel est ce rare objet ?

LE MARQUIS.

C'est une jeune veuve de Cantorbéry, fille d'un Milord, belle, riche, qui est à Londres pour affaires. Le hasard m'a procuré sa connoissance, je suis venu exprès loger dans cet Hôtel garni, où elle demeure depuis huit jours qu'elle a changé de quartier.

LE BARON.

On la nomme ?

LE MARQUIS.

Eliante.

LE BARON.

Eliante ! je la connois ; je l'ai vue plusieurs fois

chez Clorinde, une de ses amies : c'est une Dame
du premier mérite.

LE MARQUIS.

Mais tu m'en parles d'un ton à me faire croire
qu'elle ne t'est pas indifférente.

LE BARON.

Il est vrai, je ne le cache point ; c'est de toutes
les femmes que j'ai vues, celle dont je cherche-
rois la possession avec plus d'ardeur ; & je t'avouerai franchement, que s'il dépendoit de moi, il
n'est rien que je ne fisse pour te supplanter.

LE MARQUIS, *éclatant de rire.*

Toi me supplanter ? moi ?

LE BARON.

Oui, toi-même ; j'aurois cette audace.

LE MARQUIS.

Je voudrois voir cela. Mais dis-moi, mon trés-
cher cousin, sçait-elle les sentimens que tu as pour
elle ?

LE BARON.

Je crois qu'elle les ignore.

LE MARQUIS.

Tu me fais pitié, mon pauvre garçon ; & si tu
veux, je me charge de les lui apprendre pour toi.

LE BARON.

Tu es trop obligeant ; je prendrai bien cette
peine-là moi-même, & je n'attends que l'occasion...

LE MARQUIS.

Oh ! parbleu ! je veux te la procurer ; & , sans
aller plus loin, voici Eliante elle-même qui vient
fort à propos pour cela.

SCENE II.

LE BARON, LE MARQUIS, ELIANTE.

LE MARQUIS, à *Eliante.*

Madame, vous voulez bien que je vous présente ce Gentilhomme François : il eſt mon parent & mon rival tout enſemble : il vous a vue chez Clorinde, vous avez fait ſa conquête ſans le ſçavoir : il cherche l'occaſion de vous le déclarer : elle s'offre, je la lui procure.

ELIANTE.

En vérité, Marquis. . . . .

LE MARQUIS.

Sous un air timide & diſcret, c'eſt un garçon dangereux, je vous en avertis. Il veut me ſupplanter, Madame, il veut me ſupplanter.

ELIANTE.

Briſons-là, c'eſt pouſſer trop loin la plaiſanterie.

LE BARON.

Madame, la plaiſanterie ne tombe que ſur moi, je la mérite : le Marquis, en badinant, n'a dit que la vérité. Pardonnez un tranſport, dont je n'ai pas été le maître : je n'ai pu m'empêcher de lui avouer que je n'avois jamais rien vu de ſi adorable que vous, & de lui témoigner une ſurpriſe, mêlée de dépit, ſur ce qu'il vient de me dire, qu'il avoit le bonheur d'être aimé de vous.

ELIANTE, *au Marquis.*

Quoi! Monfieur! vous êtes capable....

LE MARQUIS.

Eh! Madame, quel mal y a-t-il à cela? Vous êtes femme de condition, je fuis homme de qualité; vous êtes riche, j'ai du bien; vous êtes veuve, je fuis garçon; vous avez dix-neuf ans, j'en ai vingt-quatre; vous êtes belle, je fuis aimable: nous fommes faits l'un pour l'autre; nous nous aimons tous deux, à quoi bon le cacher?

ELIANTE.

Mais je ne vous aime pas, Monfieur; & quand cela feroit, je veux qu'on ait de la difcrétion, j'aime le myftère.

LE MARQUIS.

Le myftère, Madame! Ah! fi! le mauvais ragoût!

ELIANTE.

Oui, en France, où l'on n'aime que par air, où l'on n'afpire à être aimé que pour avoir la vanité de le dire, où l'amour n'eft qu'un fimple badinage, qu'une tromperie continuelle, & où celui qui trompe le mieux, paffe toujours pour le plus habile. Mais ce n'eft pas ici de même; nous fommes de meilleure foi, nous n'aimons uniquement que pour avoir le plaifir d'aimer, nous nous en faifons une affaire férieufe; & là tendreffe parmi nous eft un commerce de fentiment, & non pas un trafic de paroles.

LE MARQUIS.

Mais il faut toujours avoir quelqu'un à qui l'on puiffe conter fes amours: dans le Roman le plus exact, il n'y a point de héros qui n'ait fon confident. J'ai pris le Baron pour le mien, il eft garçon difcret, & je fuis dans la règle.

LE BARON.

J'aurai de la difcrétion par rapport à Madame ;
car pour toi, rien ne m'oblige à garder le fecret.
C'eſt un aveu que tu m'as fait par vanité, & non
pas une confidence.

ELIANTE, *au Marquis.*

Je vous trouve admirable.....

LE MARQUIS.

Baron, prends congé de Madame ; tu n'as pas
l'eſprit de t'appercevoir que tu l'ennuies ; tu lui
dis des chofes défagréables ; tu la gênes ; tu es ici
de trop.

ELIANTE.

Si quelqu'un eſt ici de trop, ce n'eſt pas Monſieur.

LE MARQUIS.

Ah ! je vois, pour le coup, que vous êtes piquée.
Pour vous punir, je vous laiſſe avec lui ; qu'il vous
entretienne, Madame, qu'il vous entretienne ; je
n'y perdrai rien, vous m'en goûterez mieux tantôt.

[*Il fort.*]

SCENE III.

LE BARON, ELIANTE.

ELIANTE.

Voilà ce qu'on appelle un François ?

LE BARON.

Daignez, Madame, ne pas les confondre tous
avec lui, & foyez perſuadée qu'il en eſt...

ELIANTE.

Je le fçais, Monfieur ; je ne fuis pas affez injufte
ni affez déraifonnable, pour ne pas fentir la différence entre vous & lui, & pour ne pas vous accorder toute l'eftime que vous méritez.

LE BARON.

Oui ; vous m'eftimez, Madame, & vous aimez le Marquis.

ELIANTE, *agitée*.

Moi, j'aime le Marquis ! Qui vous l'a dit, Monfieur ?

LE BARON.

Votre émotion, l'air même dont vous vous dé-
fendez.

ELIANTE.

Non ; je le méprife trop pour l'aimer.

LE BARON.

Je m'y connois, Madame ; un pareil mépris n'eft
qu'un amour déguifé. Vous l'aimez d'autant plus,
que vous êtes fâchée de l'aimer.

ELIANTE.

Eh ! que diriez-vous fi j'en époufois un autre ?

LE BARON.

Un autre ? Que je ferois heureux, fi ce choix
pouvoit me regarder ! Vous ne fçauriez vous·ven-
ger plus noblement du Marquis, ni faire en même
tems le bonheur d'un homme dont vous foyez
plus tendrement aimée.

ELIANTE.

Monfieur le Baron....

LE BARON.

Sans me faire valoir, je poffede un bien affez
confidérable, je fors d'une Maifon affez illuftre,
& j'ai pour vous des fentimens diftingués....

ELIANTE.

Monſieur, la choſe eſt aſſez ſérieuſe pour mériter une mûre réflexion; je vous demande du tems pour y penſer.

LE BARON.

Adieu, Madame, je vous laiſſe; l'amour vous parle pour le Marquis. Vous l'aimez toûjours, c'eſt le ſeul défaut que je vous connoiſſe; & je crains bien que vous ne vous en corrigiez pas ſi-tôt.

(*Il s'en va.*)

SCENE IV.

ELIANTE, *ſeule.*

OH! je m'en corrigerai, je m'en corrigerai. Je ſuis femme; & j'ai pu me laiſſer éblouir par les graces & par le faux brillant d'un mérite ſuperficiel; mais je ſuis Angloiſe en même tems, par conſéquent capable de me ſervir de toute ma raiſon. Si le Marquis continue....

SCENE V.

ELIANTE, FINETTE.

FINETTE.

MAdame, voilà une Lettre qu'on a oublié de vous remettre hier au ſoir.

ELIANTE.

Voyons. C'eſt mon pere qui m'écrit ; je reconnois l'écriture.

[*Elle lit.*]

Je pars en même tems que ma Lettre , & je ſerai demain à Londres , ſans faute. On m'a écrit que votre Frere hantôit mauvaiſe compagnie , & qu'il venoit de faire tout nouvellement connoiſſance avec un certain Marquis François qui acheve de le gâter. Comme je ne puis être à Londres que trois jours , & que je dois de-là partir pour la Jamaïque , j'ai reſolu de l'emmener & de vous marier , avant mon départ , avec Jacques Rosbif ; c'eſt un riche Négociant , fort honnête homme , & qui n'eſt pas moins raiſonnable , pour être un peu ſingulier. Votre extrême jeuneſſe ne vous permet pas de reſter veuve ; & je compte que vous n'aurez pas de peine à vous conformer aux volontés d'un pere qui ne cherche que votre avantage , & qui vous aime tendrement. MILORD CRAFF.

FINETTE.

Monſieur votre Pere arrive aujourd'hui , pour vous marier avec Jacques Rosbif. Miſéricorde ! C'eſt bien l'Anglois le plus diſgracieux , le plus taciturne , le plus biſarre , le plus impoli que je connoiſſe.

ELIANTE.

Ah ! Finette , quelle nouvelle ! Mon cœur eſt agité de divers mouvemens que je ne puis accorder. J'aime le Marquis , & je dois peu l'eſtimer. J'eſtime le Baron , & je voudrois l'aimer. Je hais Rosbif , & il faut que je l'épouſe , puiſque mon Pere le veut.

FINETTE.

Mais , Madame , n'êtes-vous pas veuve , & par conſéquent maitreſſe de vous-même ?

ELIANTE.

Ma grande jeuneſſe, la tendreſſe que mon pere m'a toujours témoignée, le bien même que je dois en attendre, ne me permettent pas de me ſouſtraire à ſon obéiſſance.

FINETTE

Quoi ! vous pourrez, Madame, vous réſoudre à épouſer encore un homme de votre nation, après ce que vous avez ſouffert avec votre premier mari ? Avez-vous ſi-tôt oublié la triſte vie que vous avez menée pendant deux ans que vous avez vécu enſemble ? Toujours ſombre, toujours bruſque, il ne vous a jamais dit une douceur ; ſe levant le matin de mauvaiſe humeur pour rentrer le ſoir ivre ; vous laiſſant ſeule toute la journée, ou réduite à la paſſer triſtement avec d'autres femmes auſſi malheureuſes que vous, à faire des nœuds, à tourner votre rouet pour tout amuſement, & à jouer de l'éventail pour toute converſation. Mort de ma vie ! je ne permettrai pas que vous faſſiez un pareil mariage, ou vous me donnerez mon congé tout-à-l'heure.

ELIANTE.

Que veux-tu que je faſſe ?

FINETTE.

Que vous ayez le courage de vous rendre heureuſe, & que vous épouſiez un homme de mon pays, un homme de mon pays, un François. Conſidérez, Madame, que c'eſt la meilleure pâte de maris qu'il y ait au monde, qu'ils doivent ſervir de modéle aux autres Nations, & qu'un François a cent fois plus de politeſſe & de complaiſance pour ſa femme, qu'un Anglois n'en a pour ſa maitreſſe. Une Belle Dame, comme vous, ſeroit adorée de ſon mari en France; il ne croiroit pas pouvoir faire un meilleur ufage de fon bien , que de l'employer à fe ruiner pour vous ; il n'auroit pas de plus grand plaifir que de vous voir brillante & parée, attirer tous les regards, affujettir tous les cœurs : le premier appartement, le meilleur carroffe & les plus beaux laquais feroient pour Madame. Vous verriez fans ceffe une foule d'adorateurs empreffés à vous plaire, ingénieux à vous amufer, étudier vos goûts, prévenir vos defirs, s'épuifer en fêtes galantes, vous promener de plaifirs en plaifirs, fans que votre époux osât y trouver à redire, de peur d'être fifflé des honnêtes gens.

E L I A N T E.

Mais, Finette, comment faut-il m'y prendre pour déterminer mon pere ?

F I N E T T E.

Il faut lui parler avec la noble fermeté qui convient à une veuve, fans fortir du refpect que doit une fille à fon pere ; il faut lui repréfenter que les maris de ce pays-ci ne font pas faits pour rendre une femme heureufe, que vous en avez déja fait la dure expérience, & qu'il s'offre un parti plus avantageux, & plus conforme à votre inclination : un Marquis François, jeune, riche, bien fait.

E L I A N T E.

Mon pere n'y confentira jamais : il eft déja prévenu contre lui, comme tu l'as vu par fa lettre ; car c'eft affurément de lui dont on lui aura parlé.

F I N E T T E.

Milord Craff votre pere eft un homme fenfé ; il ne fera pas difficile de lui faire entendre raifon.

E L I A N T E

ELIANTE.

Moi-même j'ai lieu de n'être pas contente du Marquis; son indiscrétion & son étourderie. . . .

FINETTE.

Bon! bon ! il faut lui passer quelque chose en faveur de la jeunesse & des graces. Mais , voici Milord Houzey votre frere; c'est du fruit nouveau.

SCENE VI.

MILORD HOUZEY, ELIANTE, FINETTE.

MILORD HOUZEY.

EH ! bon jour, ma petite sœur.

ELIANTE.

Bon jour, mon frere: tu te rends bien rare depuis quelque tems ?

MILORD HOUZEY.

Que veux-tu? tu as changé de quartier, & je ne sçais que d'aujourd'hui ta nouvelle demeure ; d'ailleurs , depuis que je ne t'ai vue , j'ai été entraîné par une chaîne de plaisirs , & j'ai fait connoissance avec un jeune Seigneur François , qu'on appelle le Marquis de Polinville. C'est bien le garçon le plus aimable , le plus gracieux ! . . . Tiens , moi qui brille, sans vanité , parmi tout ce qu'il y a de Beaux à Londres , je ne suis qu'un maussade auprès de lui , & je ne compte sçavoir vivre que du jour que je le con-

Tome I.   B

nois. Ah ! qu'il m'a appris de chofes en cinq ou fix converfations, & que je me fuis façonné avec lui en quatre jours de tems ! Cela n'eft pas concevable, & tu dois me trouver bien changé !

ELIANTE.

Cela eft vrai, je te trouve beaucoup plus ridicule qu'à l'ordinaire.

FINETTE.

Allez, ne la croyez pas ; je ne vous ai jamais vu fi gentil.

MILORD HOUZEY.

J'étois fot, timide, embarraffé, quand je me trouvois avec des Dames, je ne fçavois que leur dire ; mais à préfent, ce n'eft plus cela. Si tu me voyois dans un cercle de femmes, tu ferois étonnée, ma petite fœur. Je fuis fémillant, je badine, je folâtre, je papillonne, je voltige de l'une à l'autre, je les amufe toutes : je parois poli, refpectueux en public ; mais je fuis hardi, entreprenant tête-à-tête. Rien ne plaît plus au beau fexe qu'une noble affurance.

ELIANTE.

Tu te gâtes, mon frere, & tu deviens libertin.

FINETTE.

Une petite pointe de libertinage ne méfied point à un jeune homme, & rien ne le polit plus que le commerce des femmes.

MILORD HOUZEY.

Finette a raifon ; c'eft elle qui m'a donné la première leçon de politeffe : je ne l'oublierai pas. Elle eft modefte, mes louanges la font rougir. Ma foi,

vive les femmes! elles font l'ame de tous les plai-
firs. Par exemple, à table, rien n'eft plus charmant qu'une jolie femme en pointe de vin, qui chante un air à boire, ou qui s'attendrit le verre à la main. Nous autres Anglois, nous n'entendons pas nos intérêts, quand nous vous banniffons de nos parties. Nous ne buvons que pour boire, & nous portons la trifteffe jufqu'au fein de la joie. Il n'eft que les François pour faire agréablement la débauche. J'ai fait, avant hier avec le Marquis, le plus délicieux fouper, au Lion rouge, le tout accommodé par un Cuifinier François, & fervi à petits plats, mais délicats; nous étions en femmes. Tiens, ma petite fœur, je n'ai jamais tant eu de plaifir en ma vie. Que d'efprit! que d'enjoûment! que de volupté! Que nous fîmes... Que nous dîmes de jolies chofes! Je t'y fouhaitai plus d'une fois, tant je fuis bon frere.

ELIANTE.

Le Marquis François eft un fort bon maître. Il vous inftruit bien, à ce que je vois.

MILORD HOUZEY.

Je veux te le faire connoître. Il ne fera pas mal aifé, car je viens d'apprendre qu'il loge dans ce même Hôtel. Je lui ai déjà parlé de toi, fans te nommer pourtant. Il me vient une idée. Je lui dois donner à fouper ce foir au Lion rouge. Tout eft déjà commandé pour cela. Il faut que tu fois des nôtres, & Finette auffi.

FINETTE, *faifant la révérence.*

Vous me faites trop d'honneur, Monfieur.

B ij

ELIANTE.

Je le veux bien : mais à condition que mon pere,
qui arrive aujourd'hui , fera auffi de la partie.

MILORD HOUZEY.

Mon pere arrive aujourd'hui ?

ELIANTE.

Oui , aujourd'hui même ; & vos fredaines , dont
il eft informé , font en partie caufe de fon voyage.

MILORD HOUZEY.

Il vient bien mal-à-propos ! Que ces peres font
incommodes ! Voilà notre partie dérangée. Adieu,
ma fœur , je vais contremander le fouper , & dé-
prier nos gens.

───────────────────────

SCENE VII.

ELIANTE, FINETTE.

FINETTE.

Votre frere fe forme , Madame.

ELIANTE.

Il fe gâte plutôt , & le voilà enrôlé dans la cot-
terie de nos Beaux Efprits d'Angleterre : engeance
ici d'autant plus infuportable, qu'elle a tous les
vices de vos petits Maîtres de France , fans en avoir
les graces. Mais quelqu'un vient. Ah ! c'eft ce vilain
Rosbif. Depuis qu'on en veut faire mon mari , je
le trouve encore plus défagréable.

Cela eſt naturel. Allez, rentrez, Madame.
Laiſſez-moi le ſoin de recevoir ſa viſite pour vous.
Je vais le congédier à la Françoiſe.

[*Eliante rentre.*]

SCENE VIII.

JACQUES ROSBIF, FINETTE.

ROSBIF, *à Finette , qui lui fait pluſieurs révérences.*

FIniſſez, avec toutes vos révérences qui ne me-
nent à rien.

FINETTE.

Vous êtes naturellement ſi civil & ſi honnête à
l'égard des autres , qu'on ne ſe laſſe pas de l'être
envers vous.

ROSBIF.

Verbiage encore inutile. Venons au fait: Où
eſt Eliante ?

FINETTE.

Elle n'eſt pas viſible.

ROSBIF.

Elle doit l'être pour ſon prétendu.

FINETTE, *éclatant de rire.*

Vous ſon prétendu ? Ha, ha, ha.

ROSBIF.

Oui, moi-même. Qu'eſt-ce qu'il y a de ſi plaiſant ?

FINETTE.

Je vous demande pardon , Monſieur ; mais votre figure eſt ſi extraordinaire , que je ne puis m'empêcher d'en rire.

ROSBIF.

Vous êtes une impudente avec toute votre politeſſe.

FINETTE.

Mais , Monſieur.

ROSBIF.

Je m'appelle Jacques Rosbif, & non pas Monſieur. Je vous ai dit cent fois, ma mie, que ce nom-là m'affligeoit les oreilles. Il y a tant de faquins qui le portent....

FINETTE.

Eh ! bien, Jacques Rosbif, puiſque Jacques Rosbif y a, regardez-vous dans votre miroir, & rendez-vous juſtice. Il vous dira que vous n'êtes ni aſſez bien mis, pour être préſenté à la fille d'un Milord , ni aſſez aimable pour être ſon mari. Je veux vous faire voir un jeune Marquis de chez moi, qui loge dans cet Hôtel. C'eſt-là ce qui s'appelle un joli homme! & ſi , ce n'eſt encore rien en comparaiſon de nos jeunes Seigneurs de la Cour.

ROSBIF.

Je gage que c'eſt cet original de Marquis de Polinville. Je ne ferai pas fâché de le voir. On m'en a fait un portrait ſi ridicule....

FINETTE.

Parlez avec plus de reſpeſt d'un François , & ſur-tout d'un François homme de qualité.

ROSBIF.

Qu'eft-ce qu'elle vient me chanter avec fon homme de qualité ! Je me moque moi d'une nobleffe imaginaire ; les vrais Gentilshommes , ce font les honnêtes gens ; il n'y a que le vice de roturier.

FINETTE.

C'eft-là le difcours d'un Marchand qui voudroit trancher du Philofophe : mais je vois entrer Monfieur le Marquis lui-même. Vous allez trouver à qui parler.

SCENE IX.

LE MARQUIS, ROSBIF, FINETTE.

FINETTE, *au Marquis.*

MOnfieur le Marquis, voilà un homme que je vous donne à décraffer. Il en a grand befoin , je vous le recommande : fon nom eft Jacques Rofbif, ne l'oubliez pas.

[*Elle fort.*]

SCENE X.

LE MARQUIS, ROSBIF.

LE MARQUIS, *à part.*

ELle a raifon ; cet homme n'a pas l'air avantageux. N'importe ; faifons-lui politeffe , ne nous
démentons point. (*A Rosbif.*) Monfieur , peut-on
vous demander qu'eft-ce qui me procure, de votre
part , l'honneur d'une attention fi particulière ?

ROSBIF.

La curiofité.

LE MARQUIS.

Mais encore ; ne puis-je fçavoir à quoi je vous
fuis bon ?

ROSBIF.

A me dire, au vrai, fi vous êtes le Marquis de
Polinville.

LE MARQUIS.

Oui ; c'eft moi-même.

ROSBIF.

Cela étant , je m'en vais m'affeoir , pour vous
voir plus à mon aife. [*Il fe met dans un fauteuil.*]

LE MARQUIS.

Vous êtes fans façon, Monfieur , à ce qu'il me
paroît.

ROSBIF, *d'un ton phlegmatique.*

Allons , courage, donnez-vous des airs ; ayez
des façons , dites-nous de jolies chofes. Je vous regarde , je vous écoute.

LE MARQUIS.

Comment , Jacques Rosbif, mon ami, vous raillez , je penfe ; vous tirez fur moi. Tant mieux, morbleu ! tant mieux. J'aime les gens qui montrent de l'efprit, & même à mes dépens. Je vois que vous êtes venu ici pour faire affaut d'efprit avec moi. Touchez-là, c'eft me prier d'une partie de plaifir. Mais prenez garde à vous, je fuis un rûde joueur , je vous en avertis ; j'en ai défarçonné de plus fermes que vous. Quand ma cervelle eft une fois échauffée , vous diriez d'un feu d'artifice. Ce ne font que fufées , ce ne font que pétards , bz , pif , paf, pouf, un coup n'attend pas l'autre. Eh ! quoi ! vous avez déjà peur ? vous avez perdu la parole ? Allons , du cœur , défendez-vous , ripoftez-moi donc. Je n'aime point la gloire aifée , vous dé-butez par un coup de feu, & vous en demeurez-là ! Vous ne répondez rien ! Là, avouez du moins votre défaite. Hem, plaît-il ? J'enrage ; pas le mot : holà, hey, Jacques Rosbif, vous dormez : réveil-lez-vous : oh ' parbleu, voilà un animal bien taci-turne ! je crois qu'il le fait exprès pour m'impa-tienter ; mais je n'en ferai pas la dupe. Je vais fui-vre fon exemple , & faire une converfation à l'An-gloife.

[*Il va s'affeoir vis-à-vis de Rosbif, le regardant long-tems fans rien dire ; enfuite il interrompt fon filence de trois ou quatre* how do you, *qu'il lui adreffe en le faluant.*]

Si quelqu'un s'avifoit d'écouter aux portes, il fe-roit bien attrapé. C'eft donc-là, Monfieur, tout ce que vous avez à me dire ? En vérité, il faut avouer que votre converfation eft bien agréable ,

& qu'il y a beaucoup à profiter avec vous ! Où prenez-vous toutes les belles choses que vous dites ?
Il vous échappe des traits, mais des traits dignes
d'être imprimés. A votre place, j'aurois toujours à
mes côtés un homme qui écriroit toutes mes répar-
ties. Cela feroit un beau livre au moins !

R O S B I F, *se levant brusquement,*

Il n'ennuieroit pas le Public. Il vaut mieux se
taire que de dire des fadaises, & se retirer que d'en
écouter. Adieu, je vous ai donné le tems de dé-
ployer toute votre impertinence, & j'ai voulu voir
si vous étiez aussi ridicule qu'on me l'avoit dit. Il
faut vous rendre justice, vous passez votre renommée. vous avez tort de vous laisser voir pour rien.
Vous êtes un fort joli bouffon, & vous valez bien
trois schelins.

[*Il sort.*]

S C E N E X I.

LE MARQUIS, *seul.*

J'Apprendrois à parler à ce brutal-là, s'il portoit
une épée.

SCENE XII.

LE MARQUIS, ELIANTE, FINETTE.

FINETTE.

EH bien ! Monſieur, avez-vous dégourdi notre homme ?

LE MARQUIS.

Va te promener, tu viens de me mettre aux priſes avec le plus grand cheval de carroſſe, l'animal le plus ſot....

ELIANTE.

Donnez, s'il vous plaît, d'autres épithétes à un homme qui doit être mon époux.

LE MARQUIS.

Lui, votre époux, Madame ! Ah ! ſi je l'avois ſçu, il ſeroit ſorti avec deux oreilles de moins. Mais vous voulez badiner, & ce perſonnage-là...

ELIANTE.

Je ne badine point du tout. Mon pere vient exprés pour ce mariage.

LE MARQUIS.

Et vous y conſentirez ?

ELIANTE.

Je n'y aurois peut-être pas conſenti, ſi vous aviez été plus raiſonnable ; mais votre indiſcrétion, & vos airs éventés....

FINETTE.

Oh! ne querellons point, **nous** n'en avons point
le tems. Ne fongeons qu'à nous bien entendre tous
trois pour donner l'exclufion à Jacques Rosbif.
Commencez, Madame, par tout oublier.

ELIANTE.

Soit. Je fuis bonne, je veux bien lui pardonner
encore cette fois-ci ; mais ce fera la derniere, & à
condition qu'il fera plus difcret & plus retenu à l'a-
venir. Mon pere arrive inceffamment ; ainfi, Monfieur, modérez cette vivacité françoife quand vous
le verrez. Sur-tout point d'airs, & fort peu de manières.

LE MARQUIS, *avec affectation.*

Je vous protefte, je vous jure, Madame, que je
ferai déformais le plus fimple, le plus uni de tous
les hommes.

ELIANTE.

Fort bien! En me difant que vous ferez le plus
fimple, le plus uni de tous les hommes, vous êtes
tout le contraire. Vous donnez des coups de tête,
vous gefticulez, vous parlez d'un ton & d'un air...

FINETTE.

Eh! Madame, voulez-vous que Monfieur le
Marquis ait l'air d'un Caton, à fon âge ?

LE MARQUIS.

Non ; elle veut que j'aie l'air de Monfieur Jacques Rosbif, fon prétendu.

ELIANTE.

Monfieur, je veux que vous ayez l'air raifonnable, & que vous preniez Monfieur le Baron pour
modèle.

LE MARQUIS.

Moi, je ne copie perſonne, Madame; je me pique d'être original.

ELIANTE.

On le voit bien. Mais ſouvenez-vous toujours
que je ne vous pardonne qu'à condition que vous
changerez d'air & de conduite, & ſur-tout que
vous ne ferez plus de ſouper au Lion rouge. Adieu,
je vous laiſſe. Finette & moi, nous allons au-de-
vant de mon pere.

[*Elle ſort avec Finette.*]

SCENE XIII.

LE MARQUIS, *ſeul:*

ELle me parle du Lion rouge ! Qui diantre a pu
l'informer du ſouper que j'y ai fait ? Je ſuis encore prié pour ce ſoir. Mais voici le petit Milord
Houzey ; c'eſt juſtement notre Amphitrion ; je vais
me dégager.

SCENE XIV.

LE MARQUIS, MILORD HOUZEY.

MILORD HOUZEY.

MOnſieur le Marquis, j'ai un vrai chagrin de
ne pouvoir pas vous donner à ſouper ce ſoir ; mon
pere arrive aujourd'hui, & je viens pour vous prier
de remettre la partie à une autre fois.

LE MARQUIS.

Je fuis charmé du contre-tems, mon cher Milord; car auffi-bien je n'aurois pas pu être des vôtres.

MILORD HOUZEY.

Moi, j'en fuis au défefpoir. Je compte pour perdus tous les momens que je n'ai pas le bonheur d'être avec vous. Vos converfations font autant de leçons pour moi; plus je vous vois, & plus je fens la fupériorité que vous avez fur nous.

LE MARQUIS, *à part.*

Ce jeune homme eft affez poli pour un Anglois.

MILORD HOUZEY.

Enfeignez-moi, de grace, comment vous faites pour être fi aimable. C'eft un je ne fçais quoi qui nous manque, que je ne puis exprimer.

LE MARQUIS.

Et qu'il ne vous fera pas difficile d'attraper. Vos difcours, vos façons vous diftinguent déja de vos Compatriotes. Vous fçavez vivre, vous fentez votre bien, & vous avez l'air François.

MILORD HOUZEY.

J'ai l'air François! ah! Monfieur, vous ne pouvez me dire rien dont je fois plus flatté. C'eft de tous les airs celui que j'ambitionne le plus.

LE MARQUIS.

Vous avez du goût, Milord, vous irez loin. Vous avez de la figure, vous avez des graces. Ce feroit un meurtre de les enfouir; il faut les développer, Monfieur, il faut les développer. La nature commence un joli homme, mais c'eft l'art qui l'acheve.

MILORD HOUZEY.

Et en quoi confifte précifément cet art ?

LE MARQUIS.

En des riens qui échappent, & qu'il faut faifir : en des bagatelles qui font les agrémens. Un coup de tête, un air d'épaule, un gefte, un fouris, un regard, une expreffion, une inflexion de voix, la façon de s'affeoir, de fe lever, de tenir fon chapeau, de prendre du tabac, de fe moucher, dè cracher. Par exemple, permettez-moi de vous dire que vous mettez votre chapeau en garçon Marchand. Regardez-moi. C'eft ainfi qu'on le porte à la Cour de France. Oui ; comme cela.

MILORD HOUZEY.

Je ne l'oublierai pas ; j'aime les airs, les maniè-res, les façons.

LE MARQUIS.

Doucement, Monfieur ; allons bride en main. Ne confondons point, s'il vous plaît, les uns avec les autres. Les airs font diftingués des manières, & les manières des façons. On a des manières, on fait des façons, on fe donne des airs. Un homme du monde, par exemple, a des manières ; [écoutez ceci, c'eft la quinteffence du fçavoir vivre,] un homme du monde a des manières par égard, par attention pour les autres, pour leur marquer la confidération qu'il a pour eux, l'envie qu'il a de leur plaire & de s'attirer leur bienveillance. Eft-il dans un cercle : il eft toujours attentif à ne rien faire, à ne rien dire que d'obligeant ; il prête poliment l'oreille à l'un, répond gracieufement à l'autre ; applaudit celui-ci d'un fouris, fait agréablement la

guerre à celui-là ; dit une douceur à la mere, &
regarde tendrement la fille. Vous fait-il un plaisir :
la façon dont il le fait, est cent fois au - dessus du
plaisir même. Par exemple, s'il sçait que vous avez
besoin d'une somme d'argent, il vous la glisse doucement dans la poche, sans que vous y preniez garde. De toutes les manières, cette derniere est la
plus belle ; mais par malheur, c'est la moins usi-
tée. Vous refuse-t'il quelque chose, ce qui est plus
ordinaire : il assaisonne ce refus de paroles si douces,
& de tant de politesse, que vous croyez lui avoir
encore obligation. Allez-vous voir sa femme : il
s'échappe adroitement, il vous laisse le champ libre ; & voilà ce qu'on appelle un homme qui sçait
vivre, un homme qui a des manières.

MILORD HOUZEY.

Et un homme bon à connoître, Monsieur le
Marquis. Et les façons ?

LE MARQUIS.

Un Provincial fait des façons par une politesse
mal-entendue, par une ignorance des usages, &
faute de connoître la Cour & la Ville. Compli-
menteur éternel, il vous assommera de sa civilité
maussade. Il vous estropiera, pour vous témoigner
combien il vous estime, & sera aux coups de poings
avec vous, pour vous obliger à prendre le haut du
pavé, ou vous jettera tout au travers d'une porte,
pour vous faire passer le premier. On nomme cela
être poliment brutal, ou brutalement poli. Ainsi,
souvenez-vous des façons pour n'en jamais faire.

MILORD HOUZEY.

Je n'y manquerai pas.

SCENE

SCENE XV.

MILORD CRAFF, LE MARQUIS, MILORD HOUZEY.

MILORD CRAFF, *dans le fond du Théâtre.*

JE cherche par-tout mon fils ; mais le voilà apparemment avec ce Marquis François : affeyons-nous un peu, pour écouter leur converfation.

MILORD HOUZEY.

Et les airs ?

LE MARQUIS.

Un joli homme fe donne des airs : (redoublez d'attention, je vous prie, car ceci eft profond :) un joli homme fe donne des airs par complaifance pour lui-même, pour apprendre aux autres le cas qu'il fait de fa propre perfonne, pour les avertir qu'il a du mérite, qu'il en eft tout pénétré, qu'on y faffe attention. Eft-il à la promenade : il marche fierement, la tête haute, les deux mains dans la ceinture, comme pour dire à ceux qui font autour de lui : Rangez-vous, Meffieurs, regardez-moi paffer : n'ai-je pas bon air ? ne fuis-je pas fait au tour ? Et vous, Mefdames les friponnes, qui me parcourez des yeux en fouriant, vous voudriez me poffeder, vous voudriez me poffeder. Voit-il paffer quelqu'un de fa connoiffance : il affecte une politeffe de Seigneur, il lui fait une inclination de tête, comme s'il lui difoit : Allez,

Tome I.   C

bon jour, Monſieur, je me ſouviens de vous, je vous protege. Entre-t-il quelque part : il ſe pré-cipite dans un fauteuil, une jambe ſur l'autre, tape du pied, marmotte un petit air, joue d'une main avec ſon jabot, & ſe careſſe le menton de l'autre ; il s'en conte à lui-même, & ſemble ſe parler ainſi : En vérité, je ſuis un fripon bien aimable, & voilà un viſage qui donne ſûrement de la tablature à la Dame du logis. Va-t-il voir une Bourgeoiſe : eh ! bon jour, ma petite Fan-chonnette, comment te portes-tu ? Te voilà jolie comme un petit Ange. Çà, vîte, qu'on vienne s'aſſeoir auprès de moi ; qu'on me baiſe, qu'on me careſſe, qu'on ôte ce gant, que je voye ce bras, que je le mange, que je le croque ; tu détournes la tête, tu recules, tu rougis ! Eh ! fi donc, ma pauvre enfant, tu ne ſçais pas vivre. Eſt-ce qu'on re-fuſe à un homme comme moi ? Eſt-ce qu'on ſe fait prier ? Eſt-ce qu'on a de la pudeur dans le monde ?

MILORD HOUZEY.
Voilà une inſtruction dont je ferai mon profit.

LE MARQUIS.
Tout ce que je vous dis là, paroît fat à bien des gens ; mais cela eſt néceſſaire : il faut s'afficher ſoi-même, il faut ſe donner pour ce qu'on vaut ; il faut avoir le courage de dire tout haut, qu'on a de l'eſ-prit, du cœur, de la naiſſance, de la figure. Le monde ne vous eſtime qu'autant que vous vous pri-ſez vous-même ; & de toutes les mauvaiſes quali-tés qu'un homme peut avoir, je n'en connois pas de pire que la modeſtie ; elle étouffe le vrai mé-rite, elle l'enterre tout vivant. C'eſt l'effronterie, morbleu ! c'eſt l'effronterie qui le met au jour, qui le fait briller.

MILORD HOUZEY.

A préfent, que je fçais ce que c'eſt que les airs, ah ! que je vais m'en donner, que je vais m'en donner !

MILORD CRAFF, *dans le fond du Théâtre.*

Mon fils eſt dans de très-belles diſpoſitions, & voilà un fort bel entretien.

MILORD HOUZEY.

Puiſque nous fommes fur ce chapitre, je voudrois vous prier de m'apprendre quelles font les qualités qui entrent néceſſairement dans la compoſition d'un joli homme.

LE MARQUIS.

Il faut être né d'abord avec un grand fonds de confiance & de bonne opinion de foi-même, un heureux penchant à la raillerie & à la médiſance ; avec un goût dominant pour le plaiſir, & même pour le libertinage ; un amour extrême pour le changement & la coquetterie.

MILORD HOUZEY.

Oh ! grace au Ciel, je fuis fourni de tout cela.

LE MARQUIS.

Mais par-deſſus tout cela, il faut avoir reçu de la nature des graces en partage, fans quoi les autres qualités deviennent inutiles ; de la liberté, du goût, de l'enjoûment, du badinage, de la légereté dans tout ce que vous faites ; choquez plutôt les bien-féances que de manquer d'agrément. L'agrément eſt avant tout, il fait tout paſſer ; & s'il falloit opter, j'aimerois cent fois mieux faire une impertinence avec grace, qu'une politeſſe avec platitude. Des traits, de la vivacité, du joli, du brillant dans

ce que vous dites. Ne vous embarraffez pas du bon
fens, pourvu que vous faffiez voir de l'efprit ; on
ne fait briller l'un qu'aux dépens de l'autre.

MILORD CRAFF, *dans le fond du Théâtre.*

Quelle impertinence !

MILORD HOUZEY.

Il me paroît, Monfieur le Marquis, que vous
oubliez deux qualités importantes.

LE MARQUIS.

Lefquelles ?

MILORD HOUZEY.

Le don de mentir aifément, & le talent de jurer
avec énergie.

LE MARQUIS.

Vous avez raifon ; rien n'orne mieux un difcours
qu'un menfonge dit à propos, ou qu'un ferment
fait en tems & lieu.

MILORD HOUZEY.

C'eft encore ce que je poffede affez bien ; fur-
tout, je jure fort joliment, & perfonne ne prononce mieux que moi un *ventrebleu*, un *le diable
m'emporte*, un *la pefte m'étouffe.*

MILORD CRAFF, *dans le fond du Théâtre.*

Ah ! le petit fripon !

LE MARQUIS.

Eh ! fi donc, Monfieur ; ce font des fermens
ufés qui traînent par-tout ; il faut des fermens plus
diftingués, des fermens tout neufs. Je vous ferai
préfent, la premiere fois, d'un recueil d'impré-
cations & de fermens nouvellement inventés par
un Capitaine de Dragons, revus par un Officier
de Marine, & augmentés par un Abbé Gafcon,
qui avoit perdu fon argent au Trictrac. C'eft un
fort bon Livre, & qui vous inftruira.

MILORD CRAFF, *se levant brusquement.*

C'est trop de patience, je n'y puis plus tenir.

MILORD HOUZEY.

Ah ! j'apperçois mon pere. Je ne le croyois pas
si près.

MILORD CRAFF, *d'un air ironique.*

Vous voulez bien, Monsieur le Marquis, que
je vous remercie des bonnes & solides instructions que vous donnez là à mon fils.

(*A Milord Houzey, d'un ton sec.*)

Pour vous, Monsieur, je suis bien aise de voir
comme vous employez votre tems.

MILORD HOUZEY, *d'un air embarrassé.*

Monsieur le Marquis.... a la bonté... de me
former le goût.

LE MARQUIS, *regardant Milord Craff.*

Oui, oui, Monsieur, je lui apprends des choses, dont vous ne feriez pas mal de profiter vous-
même.

MILORD CRAFF, *à Milord Houzey.*

Allez ; retirez-vous. Je vous donnerai tantôt
d'autres leçons.

(*Milord Houzey s'en va.*)

SCENE XVI.

LE MARQUIS, MILORD CRAFF.

LE MARQUIS.

OH ! parbleu ! je vous défie de lui donner,
dans toute votre vie, autant d'esprit que je
viens de lui en donner en un quart d'heure de tems.

MILORD CRAFF.

Avant que de vous répondre, je vous prie de me dire ce que c'eft que l'efprit, & en quoi vous le faites confifter?

LE MARQUIS.

L'efprit eft à l'égard de l'ame ce que les manieres font à l'égard du corps. Il en fait la gentilleffe & l'agrément, & je le fais confifter à dire de jolies chofes fur des riens, à donner un tour brillant à la moindre bagatelle, un air de nouveauté aux chofes les plus communes.

MILORD CRAFF.

Si c'eft-là avoir de l'efprit, nous n'en avons pas ici, nous nous piquons même de n'en pas avoir; mais fi vous entendez par l'efprit le bon fens....

LE MARQUIS.

Non, Monfieur; je ne fuis pas fi fot de confondre l'efprit avec le bon fens. Le bon fens n'eft autre chofe que ce fens commun qui court les rues, & qui eft de tous les Pays. Mais l'efprit ne vient qu'en France. C'eft, pour ainfi dire, fon terroir; & nous en fourniffons tous les autres peuples de l'Europe. L'efprit ne fait que voltiger fur les matieres, il n'en prend que la fleur. C'eft lui qui fait un homme aimable, vif, léger, enjoué, amufant, les délices des fociétés, un beau parleur, un railleur agréable, & pour tout dire, un François. Le bon fens, au contraire, s'appéfantit fur les matieres en croyant les approfondir, il traite tout méthodiquement, ennuyeufement. C'eft lui qui fait un homme lourd, pédant, mélancolique, taciturne, ennuyeux, le fléau des compagnies, un moralifeur, un rêve-creux, en un mot un....

MILORD CRAFF.

Un Anglois, n'est-ce pas ?

LE MARQUIS.

Par politesse, je ne voulois pas trancher le mot ; mais vous avez mis le doigt dessus.

MILORD CRAFF.

C'est-à-dire, selon votre langage, qu'un Anglois est un homme de bon sens qui n'a pas d'esprit ?

LE MARQUIS.

Fort bien.

MILORD CRAFF.

Et qu'un François est un homme d'esprit qui n'a pas le sens commun ?

LE MARQUIS.

A merveille.

MILORD CRAFF.

Toute la Nation Françoise vous doit un remerciement pour une si belle définition. Mais, puisque vous renoncez au bon sens, sçavez-vous bien, Monsieur, que je suis en droit de vous refuser l'esprit ?

LE MARQUIS.

Allez, Monsieur, vous vous moquez des gens. Pouvez-vous me refuser ce que je possede, & que vous n'avez pas ?

MILORD CRAFF.

Je prétends vous prouver que l'esprit ne peut exister sans le bon sens.

LE MARQUIS.

Exister, exister ! Voilà un mot qui sent furieusement l'École.

MILORD CRAFF.

Quoique je fois homme de condition, je n'ai pas honte de parler comme un Sçavant ; & je vous foutiens que l'efprit n'eft autre chofe que le bon fens orné ; qu'ainfi. . . . .

LE MARQUIS.

Ah ! vous m'allez poufler un argument.

MILORD CRAFF.

Je ferai plus, je vous démontrerai. . . .

LE MARQUIS.

Non, Monfieur ; on ne me démontre rien ; on ne me perfuade pas même.

MILORD CRAFF.

Quelqu'opiniâtre que vous foyez, je vous convaincrai par la force de mon raifonnement.

LE MARQUIS.

Vous avez-là un diamant qui me paroît beau, & merveilleufement bien monté.

MILORD CRAFF.

Ne voilà-t-il pas mon homme d'efprit, qu'un rien diftrait, qu'une niaiferie occupe, tandis qu'on agite une queftion férieufe.

LE MARQUIS.

Eh ! Monfieur, ne voyez-vous pas que c'eft une maniere adroite dont je me fers pour vous avertir poliment de finir une differtation qui me fatigue ?

MILORD CRAFF.

C'eft une chofe étonnante que le bon fens vous foit à charge, & qu'il n'y ait que la bagatelle. . .

LE MARQUIS *chante.*

Sans l'amour & fans fes charmes,
Tout languit dans l'Univers.

MILORD CRAFF.

Pour un garçon qui fait métier de politeſſe,
c'eſt bien en manquer ; & je ſuis bien bon de vouloir faire entendre raiſon à un calotin !

LE MARQUIS.

Alte-là, Monſieur. Quand on nous attaque par
un trait, par un bon mot, nous tâchons d'y répondre par un autre ; mais quand on va juſqu'à l'in-
ſulte, qu'on nous dit groſſierement des injures,
voici notre réplique.

(Il tire l'épée.)

SCENE XVII.

LE MARQUIS, MILORD CRAFF, LE BARON.

LE BARON, *ſaiſiſſant l'épée du Marquis.*

ARrête, Marquis : apprends qu'à Londres il eſt
défendu de tirer l'épée.

LE MARQUIS.

Comment ! morbleu ! on m'ennuiera, & je ne
pourrai pas le témoigner ! Enſuite on m'outragera,
& il ne me ſera pas permis d'en tirer vengeance !
Ah ! j'en aurai raiſon, fût-ce de toute la Ville.

MILORD CRAFF.

J'ai beſoin de tout mon flegme pour contenir
ma juſte colere.

LE BARON, *au Marquis.*

Modere ce tranſport : tu n'es pas ici en France.

LE MARQUIS.

Je fors : car fi je demeurois plus long-tems, je ne ferois pas mon maître. Adieu, Monfieur de l'Angleterre ; fi vous avez du cœur, nous nous verrons hors la Ville.

(*Il fort.*)

SCENE XVIII.

LE BARON, MILORD CRAFF.

LE BARON.

JE vous fais réparation pour lui, Monfieur. Je vous prie d'excufer l'étourderie d'un jeune homme qui fort de fon pays pour la premiere fois, & qui croit que toutes les mœurs doivent être Françoifes.

MILORD CRAFF.

En vérité, Monfieur, vous m'étonnez.

LE BARON.

D'où vient ?

MILORD CRAFF.

Vous êtes François, & vous êtes raifonnable!

LE BARON.

Eh ! Monfieur, pouvez-vous donner dans un préjugé fi peu digne d'un galant homme, tel que vous me paroiffez être, & décider de toute une Nation, fur un étourdi comme celui que vous venez de voir ? Croyez-moi, Monfieur, il eft en France des gens raifonnables autant qu'ailleurs ; & fil fe trouve parmi nous des impertinens, nous les regardons du même œil que vous, & nous sommes les premiers à connoître & jouer leur ridicule. D'ailleurs, c'eſt un malheur que nous partageons avec les autres peuples. Chaque Nation a ſes travers, chaque Pays a ſes originaux. Sortez donc, Monſieur, d'une erreur qui vous fait tort à vous-même, & rendez-vous à la raiſon, dont vous faites tant de cas.

MILORD CRAFF.

Oui, Monſieur, je m'y rends. Je ſens combien cette raiſon eſt puiſſante ſur les eſprits, quand elle eſt accompagnée de politeſſe & d'agrément. Je vous demande votre amitié avec votre eſtime: vous venez d'emporter toute la mienne.

LE BARON.

Ah! Monſieur, mon amitié vous eſt toute acquiſe. Souffrez que je vous embraſſe, & que je vous témoigne la joie que je reſſens d'avoir conquis le cœur d'un Anglois, & d'un Anglois de votre mérite. La victoire eſt trop flatteuſe pour ne pas en faire gloire.

MILORD CRAFF.

Adieu, Monſieur, je ſors tout pénétré de ce que mous m'avez dit. (*Il ſort.*)

SCENE XIX.

LE BARON, *ſeul.*

C'Eſt ainſi que les hommes ſe préviennent les uns contre les autres, ſans ſe connoître; quelque raiſonnables qu'ils ſoient, ils ne ſont pas à l'abri des préjugés de l'éducation,

SCENE XX.

LE BARON, FINETTE.

FINETTE.

AH! Monſieur, ſçavez-vous à qui vous venez de parler?

LE BARON.

A un très-galant homme; c'eſt tout ce que j'en ſçais.

FINETTE.

C'eſt au pere de ma Maitreſſe.

LE BARON.

Au pere d'Eliante? L'aventure eſt heureuſe pour moi.

FINETTE.

Elle ne l'eſt gueres pour Monſieur le Marquis. Il vient, ſans le connoître, d'avoir du bruit avec lui: il m'a dit la choſe tout en colere; enſuite il eſt ſorti ſans vouloir m'écouter. Il faut juſtement que cela lui arrive dans le tems que ma Maitreſſe & moi nous avions fait revenir Milord Craff de la mauvaiſe idée qu'on lui avoit donnée de lui, & qu'il étoit prêt à l'accepter pour gendre.

SCENE XXI.

LE BARON, ELIANTE, FINETTE.

LE BARON, *à Eliante.*

EH! bien, Madame, êtes-vous déterminée?

ELIANTE.

Oui, à fuivre en tout les volontés de mon pere; ainfi, Monfieur, fi vous voulez m'obtenir, c'eft à lui qu'il faut s'adreffer.

LE BARON.

Madame, j'y vole.

SCENE XXII.

ELIANTE, FINETTE.

FINETTE.

QUe faites-vous, Madame?

ELIANTE.

Ce que je dois faire, après ce que je viens d'apprendre du Marquis : fi je lui pardonnois, je ferois indigne de l'amitié de mon pere. Ce dernier trait vient de m'ouvrir les yeux, & me donne pour le Marquis, tout le mépris qu'il mérite.

SCENE XXIII.

MILORD CRAFF, LE BARON, ROSBIF, ELIANTE, FINETTE.

MILORD CRAFF, *au Baron & à Rosbif.*

MEſſieurs, je ne puis vous répondre qu'en préſence de ma fille. Mais la voici.

SCENE DERNIERE.

MILORD CRAFF, LE BARON, LE MARQUIS, MILORD HOUZEY, ROSBIF, ELIANTE, FINETTE.

MILORD HOUZEY, *tenant le Marquis par la main.*

[*à Milord Craff.*]

MOn pere, voilà Monſieur le Marquis, qui eſt au déſeſpoir de ce qui s'eſt paſſé. Il eſt naturellement ſi poli......

MILORD CRAFF.

Taiſez-vous, petit coquin ; vous avez vous-même beſoin de quelqu'un qui me parle pour vous.

LE MARQUIS.

Monſieur, je n'avois pas l'honneur de vous connoître.

MILORD CRAFF.

Il suffit, Monsieur, j'excuse votre jeunesse. Je ne veux pas même gêner ma fille. Je me contenterai de lui représenter......

ELIANTE.

Non, mon pere; décidez vous-même. L'époux que vous me donnerez sera toujours sûr de me plaire.

LE MARQUIS *parle bas à Eliante.*

Vous risquez de me perdre; vous vous en repentirez, Madame.

MILORD CRAFF, *à Eliante.*

Comme je n'ai que trois jours à demeurer ici, & qu'il faut absolument vous marier avant mon départ, je vais tâcher de faire un choix digne de vous & de moi. Monsieur le Marquis, vous êtes un fort joli Cavalier.

LE MARQUIS.

Je le sçais bien, Monsieur.

MILORD CRAFF.

Mais vous faites trop peu de cas de la raison, & c'est la chose dont on a plus de besoin dans un état aussi sérieux que celui du mariage.

(*à Rosbif.*)

Pour vous, Monsieur, vous avez un fonds de raison admirable; mais vous négligez trop la politesse, & elle est nécessaire pour rendre un mariage heureux, puisqu'elle consiste en ces égards mutuels qui contribuent le plus au contentement de deux époux. Vous ne trouverez donc pas mauvais, Messieurs, que je vous préfere Monsieur le Baron qui réunit l'un & l'autre. Il a tout ce qu'il faut pour faire le bonheur de ma fille.

LE BARON, *à Milord Craff.*

C'eſt vous, Monſieur, qui faites le mien ; mais il ne peut être parfait, ſi le cœur de Madame n'eſt d'accord avec vos bontés.

ELIANTE.

N'en doutez point, Monſieur, puiſque mon pere me donne pour époux l'homme du monde que j'eſtime le plus.

LE MARQUIS.

Adieu, Madame ; vous êtes plus·punie que moi. Vous m'aimez, & je pars. (*Il s'en va.*)

MILORD HOUZEY.

Nous partons. Je vais faire mon cours de poli-teſſe en France.   (*Il ſort.*)

ROSBIF, *à Milord Craff.*

Adieu ; je vous pardonne de m'avoir refuſé. Ce François-là mérite d'être Anglois ; vous ne pou-viez pas mieux choiſir.   (*Il ſe retire.*)

LE BARON, *à Milord Craff.*

Vous venez, Monſieur, de me convaincre que rien n'eſt au-deſſus d'un Anglois poli.

MILORD CRAFF.

Et vous m'avez fait connoître, Monſieur, que rien n'approche d'un François raiſonnable.

FIN.

L'IMPERTINENT
MALGRÉ LUI,
COMÉDIE
EN CINQ ACTES ET EN VERS,

De Monsieur DE BOISSY,

de l'Académie Françoise ;

Représentée, pour la premiere fois, par les Comédiens
François, le 14 Mai 1729.

NOUVELLE ÉDITION.

Tome II.   **A**

ACTEURS.

DAMON, Ami de Lifimon & de Mélite.

LÉANDRE, Amant de Julie.

VALERE, Moufquetaire, & frere de Léandre.

MELITE, Veuve & Mere de Julie.

CLOÉ, Maitreffe de Valere, & Amie de Mélite.

JULIE.

M. REITER, Officier Allemand.

DULAURIER, vieux Domeftique, placé près de Valere.

LAFLEUR, Laquais de Mélite.

La Scene eft à Fontenai.

L'IMPERTINENT
MALGRÉ LUI,
COMÉDIE.

ACTE PREMIER.
SCENE PREMIERE.

VALERE, JULIE.

JULIE.

H, ah ! Qu'à la Campagne on voit de fottes gens !

VALERE.

Oui. Mais. . .

JULIE.

Je n'en puis plus. Bon Dieu! qu'ils font plaifans !

A ij

La Baronne fur-tout , qui veut fa
Quelle affectation ! Quel accent e
Ciel ! comme elle eft coëffée ! Et fo
Qui parle fon jargon , eft encore n
Non , je n'ai jamais vu de figure fer
Pour Alcandre , qui fait l'homme
C'eft un fat ; par fa morgue il m'a
Vous avez bien perdu , Monfieur ,

                V A L E R E.

Je n'aurois jamais fait ce qu'on vous

                J U L I E.

Comment ?

                V A L E R E.

    Je n'aurois pas , comme vou
Quitté la compagnie , en lui riant
Votre exemple en ce point ne m'eût
Et vous me permettrez de vous dir
Qu'un pareil procedé paffe la raille
Je ne reconnois plus mon frere à ces
Lui , fi fage autrefois , & fi rempli
Il choque dans Reiter un ami vérit
Et qui , fa mine à part , eft un hom
La chofe me furprend , d'autant plu
Qu'un homme qui fe voit fur le poin
De faire une fortune auffi-grande qu
Pour Alcandre devroit garder plus d

Al———————ndre, son patron, ———————————————.
Qu———————— depuis quatre mois, ——————————
A l————— faire obtenir ———————————.
Qu———— ——, vous le ——, —————————————
Il ————————— du ———————————————
A ————————— gens de ————————————
Il ————————————————————————
Faire, par le ——————————————
Et ———————————————————————.
On —————————————————————————————

· · _ · _ ·

V—————————————————————————————
On ————— ples:
———————————————————————

¯ ˘ ¯ ˘ ¯ ˘

V————————————————————————————
E—— je ——————————

· · _ · _ ·

———————————————————————
————————————————————————
Eh! Fi! ———————————————————————

¯ ˘ ¯ ˘ ¯ ˘

Moi, je ————————————————————
Je ne puis ————————————————————

licule à son
re plus éto
ore , plus h
ois dans les
gons cavalie
viter la fade
tre plutôt r
rant l'antip
homme à la

R E.
ed-là, vraim
'eft préfente
ureux du tap
lus étourdi q
algré son eff
l'a vu d'abor

I E.
us-même.
R E.
in bruit que
un travers si
l'un si prom

E.
& vous devez
A

JULIE.

Voilà de tout Cadet le langage ordinaire,
Défapprouvant toujours ce que fait un aîné,
Verfant fur fa conduite un fiel empoifonné.

VALERE.

Je le blâme par zèle, & non pas par envie.
Je ne fçaurois affez vous répeter, Julie,
Que l'un eft fon intime, & l'autre fon appui.

JULIE.

N'importe, il faut qu'il rompe avec eux aujourd'hui.

VALERE.

Et d'où vient ?

JULIE.

C'eft qu'ils ont le don de me déplaire,
Et que j'ai pour tous deux une haine fincère.
L'un, eft un étranger de ces efprits épais,
Que pour vous ennuyer le Ciel fit naître exprès.
Et l'autre, un important, qui fait le perfonnage :
Il s'écoute parler ; & quand je l'envifage,
Il me vient dans les doigts une démangeaifon
De le croquignoler de la bonne façon.
Tenez, je vous dirai, parlant fans flaterie,
Que Léandre avoit vu mauvaife compagnie,
Frequenté jufqu'ici des gens trop férieux,
Trop unis, trop fenfés ; ce qui fait qu'auprès d'eux,
Il avoit pris un air trop refervé, trop fage ;

Un air grave, en un mot, ridicule à son âge.
Il faut, pour être aimable, être plus étourdi,
Etre dans ses discours plus libre, plus hardi ;
N'avoir pas d'un Robin l'empois dans les manières,
Et prendre un air aisé, des façons cavalieres ;
Des complimens, sur-tout, éviter la fadeur ;
Donner dans l'autre excès, être plutôt railleur :
Et de la vieille Cour se montrant l'antipode,
Etre ce qu'on appelle un jeune homme à la mode.

VALERE.

Il est bien corrigé, sur ce pied-là, vraiment,
Il suit la mode en tout ; & c'est présentement,
Un homme du bel air, amoureux du tapage,
Plus bruyant qu'un Marquis, plus étourdi qu'un Page,
Petit maître amphibie ; & malgré son effort,
Se sentant de la robe où l'on l'a vu d'abord,
Ridicule en un mot.

JULIE.
Ridicule vous-même.

VALERE.

Il se peut: mais, selon certain bruit que l'on seme,
Il donne, malgré lui, dans un travers si grand :
On vous fait tout l'honneur d'un si prompt change-
ment.

JULIE.
J'en fais gloire moi-même, & vous devez apprendre

Que c'eſt en bien, Monſieur, que j'ai changé Léandre.
Et vous l'êtes en mal , vous ici qui parlez.
Oui. Cloé qui vous aime , & pour qui vous brûlez ,
Quoiqu'elle ſoit déja ſur le retour de l'âge ,
Vous rend inſupportable en vous rendant trop ſage.

VALERE.

Elle m'a fait connoître..

JULIE.

Elle vous a gâté.

VALERE.

Mais enfin...

JULIE.

Mais enfin , elle vous a prêté
Des airs, des ſentimens pédanteſques , mauſſades ,
A vous faire berner de tous vos camarades.

VALERE.

Je...

JULIE.

Ne me parlez plus. Eloignez-vous de moi.

VALERE.

Je ne vois pas...

JULIE.

Sortez , ou bien je ſors.

VALERE.

Pourquoi ?

JULIE.

Vous m'ennuyez, Monſieur ; cela doit vous ſuffire.

VALERE.

Adieu. Je ne dois pas me le faire redire.

(*Il sort.*)

SCENE II.

JULIE *seule.*

IL eſt impertinent, avec ſon ton moral.
C'eſt dommage, après tout, qu'il ſoit tombé ſi mal.
Il me plaiſoit dabord beaucoup plus que ſon frere,
Son humeur convenoit avec mon caractère ;
Si pour Cloé ſon cœur n'avoit été porté,
Le mien auroit, je crois, panché de ſon côté.
Comment peut-il l'aimer, ſurannée & douairiere ?
J'enrage qu'elle ſoit l'intime de ma mére.
Grand Dieu ! Que je la hais ! Mais je la vois venir.
Je crains qu'elle ne veuille ici m'entretenir :
D'égards, de bienſéance, elle parle ſans ceſſe,
Et m'affadit le cœur avec ſa politeſſe.

SCENE III.

JULIE, CLOÉ.

CLOÉ.

JE viens pour vous gronder, vous l'avez mérité,
Et vous n'y fongez pas, Julie, en vérité.
Quand on nous fait l'honneur de nous rendre vifite,
Vous éclatez de rire, & vous prenez la fuite.
Alcandre s'en eft plaint à Mélite en fortant,
Et c'eft un procedé tout-à-fait infultant.
Il faut vous corriger de tous ces traits d'enfance;
Une fille à votre âge & de votre naiffance,
Doit avoir plus d'égards pour les honnêtes gens.

JULIE.

Madame, je ferai plus polie à trente ans.
Je ne fuis pas d'ailleurs tenue à l'impoffible.
Eft-ce ma faute, à moi, s'ils ont un air rifible ?
Sont-ce-là, dites-moi, des mines à porter ?
Et puis-je, en les voyant, m'empêcher d'éclater ?
Doit-on trouver mauvais, après tout, que je fuie
Quiconque me déplaît, ou quiconque m'ennuye ?
Je ne fuis pas d'humeur à me gêner en rien;
Et fi vous ne quittez vous-même ce maintien,
Cet air de réprimande, & cet air de prudence,

Je vous ferai, Madame, une humble révérence.
Gardez pour votre amant cet entretien moral :
Du monde apprenez-lui le cérémonial ;
Vous pouvez lui montrer l'exacte politeſſe,
Inſpirer la raiſon, & même la ſageſſe ;
Tout le monde en convient, votre âge le permet :
Faites donc de Valere un Cavalier parfait,
Puiſque vous excellez à former un jeune homme.
Mais, pour moi, vous ſçaurez que tout ſermon m'aſſomme ;
De me perſuader vous n'avez pas le don.
Je ſuis fille & têtue ; ainſi, point de leçon.

C L O É.

Je ne m'attendois pas à ce bruſque langage.
J'ai cru que du grand monde ayant un peu d'uſage,
Qu'en qualité d'amie, enfin, de la maiſon,
Je pouvois librement vous parler ſur ce ton ;
Et ce n'eſt que par zèle...

J U L I E.

Oh ! Je vous en diſpenſe,
Madame; honorez-moi de votre indifférence.

C L O É.

Mais on ne pourra plus vous parler, à la fin,
Si vous continuez d'aller le même train ;
Et vous prenez, ſoit dit ſans vous fâcher, Julie,
Le chemin qui conduit tout droit à la folie.

JULIE.

Bon. Tant mieux. La Folie eft charmante à mon goût.

CLOÉ.

Mais vous n'y fongez pas, elle eft à fuir en tout.

JULIE.

Diftinguons. Moi, j'entends la folie agréable,
Celle qui réjouit, que l'efprit rend aimable.
Qui de mille agrémens fçait couvrir fes écarts,
Et trouve l'art de plaire en bravant les égards;
Qui fait marcher les jeux & les ris fur fes traces;
Qu'accompagne l'amour, & que fuivent les graces.

CLOÉ.

Vous en faites vraiment un fort joli tableau,
Et je ne croyois pas qu'on pût la peindre en beau.

JULIE.

Quoi que vous en difiez, le portrait eft fidèle,
Et je vous montrerai qu'on ne plaît que par elle.
Pourquoi hauffer l'épaule, & vous étonner tant?
J'ofe vous foutenir, très-férieufement,
Sans avoir vu la bonne & grande compagnie,
Qu'il n'eft que deux partis à prendre dans la vie;
D'être un peu calotin, ou bien d'être ennuyeux.
Non, il n'en eft point d'autre, il faut opter des deux.

Léandre vient ici ; qu'il décide la chofe,
Ne confentez-vous pas à ce que je propofe ?

CLOÉ.

Soit. J'y donne les mains. Quoique depuis un tems,
Il prenne tous vos airs & tous vos fentimens ,
Je ne crois pas qu'il foit encor déraifonnable ,
Jufqu'au point d'approuver un fiftême femblable.

SCENE IV.

LÉANDRE, JULIE, CLOÉ,

JULIE.

Vous venez à propos, Monsieur; préparez-vous
A juger un procès qui se forme entre nous.

LÉANDRE.

Je ne suis plus de robe.

JULIE.

Oh! C'est la même chose.
Vous y tenez encor.

LÉANDRE.

Plaidez donc votre cause.

JULIE.

Je soutiens la folie au-dessus du bon sens.
L'un a l'art d'ennuyer, l'autre plaît en tout tems.

CLOÉ.

Sous le nom d'enjoûment, & sous un air d'aisance,
Je dis qu'elle produit la vraie impertinence,
Défaut pernicieux, & vice détesté,
Qui nous rend les fleaux de la société;

Et vouloir foutenir l'opinion contraire ,
C'eft dire qu'il eft nuit , quand le jour nous éclaire.

LÉANDRE.

Madame , jufqu'ici j'ai penfé comme vous.
Il paroît que Julie eft feule contre tous :
Mais, quoiqu'on foit d'abord choqué de fon fiftême,
Je fens qu'elle a raifon contre la raifon même.
Son fentiment eft vrai , tout bien examiné ,
Et doit être fuivi , loin d'être condamné.
Plus on regarde , & plus on voit que dans la vie
La raifon & l'ennui marchent de compagnie ;
Qu'elle eft incompatible avec les agrémens ,
Ce qui fait qu'il vaut mieux , en dépit du bon fens ,
Plaire par la folie & par l'extravagance ,
Qu'ennuyer en gardant l'exacte bienféance.

JULIE.

On ne peut mieux juger. Et, touchez-là, mon roi.
J'en ferai quelque chofe ; il profite avec moi.

CLOÉ.

Malgré votre raifon , vous vous laiffez féduire.
Je plains votre foibleffe , & je veux bien vous dire,
Monfieur , que cette idée , & que ces fentimens
Eblouiffent l'efprit & choquent le bon fens.
N'en déplaife à Julie , on peut être agréable ,
On peut être enjoué , quoiqu'on foit raifonnable.
La raifon n'entend pas que l'on foit ennuyeux ;
Elle condamne même un trop grand férieux ;

A votre âge, fur-tout, veut qu'on fe réjouiffe :
Seulement elle oblige, & c'eft avec juftice,
D'avoir égard aux lieux, aux perfonnes, aux tems,
De tout faire à propos, de fuir les contre-tems.

J U L I E.

Tout eft fait à propos, s'il eft fait avec grace,
La morale, à notre âge, eft feule hors de place.
La gêne, les égards qu'accompagne l'ennui,
Ne furent jamais faits pour des gens comme lui.
Qu'un mauffade, un barbon fe foumette à l'ufage,
Il fait bien ; c'eft à lui qu'il convient d'être fage.
Il n'eft pas né pour plaire, & feroit affommant,
S'il faifoit le gentil, le badin, l'amufant.
Le modefte bon fens doit être fon partage.
Mais qu'un garçon aimable, & dans la fleur de l'âge,
N'ofe donner l'effort à tout fon enjoûment ;
Qu'il retienne captif un naturel brillant,
Qu'il n'ofe fe livrer à d'aimables folies,
Et qu'il étouffe en lui cent heureufes faillies,
C'eft un meurtre dont rien ne fçauroit approcher,
Et de tout fon pouvoir on le doit empêcher.
Il faut le rendre fou pour le rendre agréable.
L'ôter à la raifon, c'eft être charitable.

C L O É.

Si Léandre vous fuit, vous le menerez loin ;
Mais de vous retenir, votre mere aura foin ;

Elle

Elle veut vous parler ; venez, Mademoiſelle :
Il eſt tems, avec moi, de vous rendre auprès d'elle.
Je dois vous avertir, de plus , que contre vous ,
Avec quelque juſtice , elle eſt fort en courroux.
Je crains. . .

J U L I E.

Vous avez tort ; car j'en fais mon affaire.
Je calmerai d'un mot toute cette colere.
On vient. C'eſt Dulaurier ; il marche gravement,
Et je veux lui donner le bon jour en paſſant.

L É A N D R E.

De tout vieux Domeſtique il raſſemble les vices ;
Raiſonneur , inſolent , bavard , plein de caprices ;
Placé près de mon frere , il fait le Gouverneur ;
Grand ivrogne de plus , & mauvais rimailleur.

SCENE V.

LÉANDRE, JULIE, CLOÉ, DULAURIER.

JULIE.

AH! Monfieur Dulaurier, je fuis votre fervante.

DULAURIER.

Moi, votre humble valet.

JULIE.

Comment? Votre air m'enchante!
En perruque nouée, & la canne à la main,
La barbe faite. Hum, hum! Ce n'eft pas fans deffein.

DULAURIER.

Vous badinez toujours.

JULIE.

La feinte eft inutile.
Vous cherchez...

DULAURIER.

Il eft vrai, je cherche mon pupille.

LÉANDRE.

Son pupille! Le fat!

DULAURIER.

Ne l'auriez-vous point vu?

LÉANDRE, *d'un air malin.*

Là...
Demandez à Madame, elle vous le dira.

CLOÉ, *d'un air froid.*

Moi, je ne l'ai pas vu.

DULAURIER.

Je voudrois bien lui lire
Ce billet que son pere a bien daigné m'écrire.

LÉANDRE.

Mon pere vous écrit?

DULAURIER.

Il me fait cet honneur;
Et j'ai reçu sa lettre en cet instant, Monsieur.
Quatre ou cinq jours plutôt on eût dû me la rendre;
Car la datte est du vingt.

LÉANDRE.

Monsieur, peut-on apprendre
Ce que l'on vous écrit, sans indiscretion?

DULAURIER.

Volontiers. De vous-même il est fait mention.
(*Il tire ses lunettes.*)
Excusez, je suis vieux. Ce n'est pas-là ma lettre.

JULIE.

Qu'est-ce donc? Montrez-moi?

DULAURIER.

Non, non; c'est pour remettre
A Madame Mélite. Écoutez mon billet.

B ij

JULIE, *ramaffant le premier billet qu'il a laiffé tomber* ,
en croyant le remettre dans fa poche.

Ramaffons celui-ci, c'eft fans doute un poulet :
Cachons-le , pour fçavoir ce qu'il dit à ma mere.

DULAURIER, *lit.*

*Je n'ai pas pu me rendre à Fontenai comme je le
croyois , mais je compte partir inceffamment. J'écris
à Mélite ; tu lui remettras ma lettre en main propre.
Mande-moi fi Valere n'eft pas plus fage ; tu fçais que
je t'ai chargé de veiller particulièrement fur fa conduite.
J'ai appris avec plaifir qu'il étoit fort affidu auprès de
Cloé. C'eft une Dame de mérite , & très-capable de
lui donner des leçons de monde & de fageffe.*

LÉANDRE, *à Cloé d'un air railleur.*

Madame, il vous connoît.

CLOÉ.

Je fçais qu'il exagere.

DULAURIER.

Je ne puis plus trouver l'endroit où j'en étois ,
Et je fuis dérouté. M'y voilà , Monfieur. Paix.

(*il continue*)

*Des leçons de monde & de fageffe. Ce qui me fait
de la peine , c'eft qu'on m'a dit en même tems que fon
frere n'eft plus le même depuis qu'il aime Julie. Elle eft
remplie d'efprit & de charmes , mais je crains qu'il
n'ait pris auprès d'elle un peu trop de fa vivacité , qui*

me paroît extrême. Mande-moi au plutôt ce qui en eſt.
LISIMON.

LÉANDRE.
Faquin ! Ce dernier trait, vous l'ajoutez vous-même.
DULAURIER, *lui montrant la lettre.*
Liſez. *Vivacité qui me paroît extrême.*

JULIE.
Je ſuis vive, il eſt vrai, je ne m'en cache pas.

DULAURIER.
Vous voyez que de moi votre pere fait cas ;
Qu'il m'aime, me diſtingue, & qu'en toute manière.

LÉANDRE.
Vous méritez, Monſieur, ſa confiance entière ;
Sans compter les vertus qu'on voit briller en vous ;
Comme d'être diſcret, ſobre, modeſte, doux,
D'effacer des valets la candeur ordinaire ;
Vous avez des talens dignes qu'on vous révere.
Vous êtes grand Poëte.

JULIE.
Ah ! je m'en réjouis.

CLOÉ.
J'ai vu de lui, vraiment, des couplets fort jolis.

DULAURIER.
Madame...

CLOÉ.
Avec eſprit il tourne un Vaudeville.

DULAURIER.
J'ai ſept ou huit Pont-neufs que l'on priſe à la Ville.

B iij

Mais je ne fais plus rien déja depuis long-tems ;
L'esprit se sent du corps. Mes vers sont languissans ,
Quelquefois seulement je corrige, Madame ,
Ceux que Valere fait pour vous prouver sa flamme.

LÉANDRE.

Sa flamme ? Hem ! L'entent-il ?

JULIE.

C'est-à-dire , à présent ,
Que Monsieur Dulaurier est Auteur consultant.

LÉANDRE.

Lorsqu'à l'examiner votre regard s'applique ,
Trouvez-vous pas qu'il a l'air grand, l'air poëtique?

DULAURIER.

Ah ! Finissez, Monsieur. Vous vous raillez de moi.

LÉANDRE.

Je suis trop attentif à ce que je vous dois.

DULAURIER.

On ne se moque pas d'un homme de mon âge.

JULIE.

Nous ! Au grand Dulaurier faire un pareil outrage ?
Ah ! Nous respectons trop un Poëte divin ,
Un sage sans défaut , s'il n'aimoit pas le vin.

DULAURIER.

Quand j'aimerois le vin, ce n'est pas votre affaire.
Les plus honnêtes gens en font leur ordinaire ;
Et quoique vous disiez , le vin le plus mousseux
De toute la Champagne , est bien moins dangereux,

Et dérange bien moins le cœur & la cervelle,
Que l'amour que l'on prend pour vous, Mademoi-
selle.

JULIE.

Que dit-il ?

DULAURIER.

Oh ! Je dis, en mots moins ambigus,
Que vous gâtez Monsieur, qu'on ne le connoît plus.

LÉANDRE.

Maraut !

CLOÉ.

Vous méritez tous les deux ces repliques,
En vous compromettant avec des domestiques,
En les entretenant d'un air trop familier.

JULIE, à Cloé.

Rentrons, Madame. Adieu, vieux pere Dulaurier.
(Elle lui tire la perruque en sortant.)

SCENE VI.

LÉANDRE, DULAURIER.

LÉANDRE.

JE ne sçais qui me tient qu'avec ta propre canne..

DULAURIER.

Oh ! Si vous me frappez, je ferai, Dieu me damne,
Le récit de la chose à Monsieur Lisimon,
De plus d'une manière, & de toute façon...

B iv

LÉANDRE.

Moi, je te donnerai mille coups d'étrivières
De plus d'une façon, de toutes les manières,
Si ta bouche fertile en insolens propos,
Jamais contre Julie, ose dire deux mots.

DULAURIER.

Ce que j'en dis, Monsieur, n'est pas pour vous dé-
plaire;
Si je vous aimois moins, je serois moins sincère.
On vous a toujours vu poli, sage, prudent;
Et si vous n'êtes plus le même maintenant,
Je sçais bien, dans le fond, à qui l'on doit s'en prendre.
C'est...

LÉANDRE.

Prens garde, où ma main sur toi...

DULAURIER.

Daignez m'entendre.

C'est à votre valet, à ce gueux de Pasquin,
Que vous avez, Monsieur, mis dehors ce matin:
Loin de vous avertir avec art & sagesse,
Des fautes que fait faire une jeune Maitresse,
En valet petit maître, il vous applaudissoit
Dans les petits écarts où l'amour vous jettoit.
Lorsqu'on est approché d'un serviteur fidèle,
On se ressent bien-tôt des effets de son zèle;
Et, les trois quarts du tems, les domestiques font,

Tout bien confideré , les maîtres ce qu'ils font.
Je n'ofe me citer ici, par modeftie:
Mais votre frere a pris un autre train de vie :
Depuis que j'en ai foin il n'eft plus éventé.
On m'en fait compliment enfin de tout côté.
Il écoute parler , & lorfqu'on l'interroge...

SCENE VII.

LÉANDRE, VALERE, DULAURIER.

DULAURIER.

AH ! Monfieur, approchez , je faifois votre
éloge.
Je difois à Monfieur, que j'étois fort content ,
Que l'on voyoit en vous un heureux changement ,
Et que , graces à mes foins, devenant raifonnable...

VALERE.

C'eft bien à tói , vieux fat , que j'en fuis redevable.

DULAURIER.

Vieux fat ? voilà deux mots qui vous coûteront cher,
Et je tiens-là de quoi vous apprendre à parler.
Je m'en vais de ce pas écrire à votre pere.
De la bonne encre. Adieu. Vous verrez. Laiffez faire.

SCENE VIII.

LÉANDRE, VALERE.

LÉANDRE, *riant.*

IL le prend avec toi fur un fort joli ton !

VALERE.

Le faquin ! Fier d'avoir vieilli dans la maifon,
Se prévaut du pouvoir que mon pere lui donne.
Ah ! Sans cela, j'aurois étrillé fa perfonne.
C'eft un joug que mon cœur ne peut plus fupporter ;
Je l'ai dit à Damon que je viens de quitter.

LÉANDRE.

Quoi ! Damon eft ici ?

VALERE.

Non ; mais il va s'y rendre.
Il eft préfentement chez le frere d'Alcandre,
Que je fuis allé voir ce matin en chaffant.

LÉANDRE.

J'en fuis, parbleu ! j'en fuis enchanté doublement.
Par lui je vais fçavoir le fuccès de l'affaire
Dont l'a chargé, pour nous, Alcandre avec mon pere.
Je me vois fur le point d'être un homme important.
Si Damon réuffit, que je ferai content !
Qu'avec lui je vais rire & feffer de Champagne !

VALERE.

Oui. Le grand férieux qui par-tout l'accompagne,
Promet de grands plaifirs & beaucoup d'enjoûment !
Sur-tout quand il verra l'extrême changement
Que l'air de la campagne a fait en vous, mon frere-

LÉANDRE.

Ah ! Je vois qu'il n'eft pas connu de toi, Valere.
En partie avec lui tu ne t'es pas trouvé.
Avec les jeunes gens il a l'air réfervé :
Mais il eft, dans le fond, très-bonne compagnie,
Et fait pour les plaifirs les plus doux de la vie.
Quand il connoît fon monde & qu'il eft afforti,
C'eft un homme enchanteur, d'un rien tirant parti ;
Qui ranime un repas par cent traits agréables,
Et qui raffemble en lui tous les vices aimables ;
D'ailleurs, effentiel, ami des plus ardens,
Plein d'efprit, & jamais aux dépens du bon fens ;
Charmant dans le frivole, aigle dans les affaires,
Il a l'heureux talent d'allier les contraires ;
Propre à tous les emplois, il n'eft d'aucun état,
Et, par délicateffe, a quitté le rabat.

VALERE.

Mais ce portrait me charme, il faut que je vous prie
De lier avec lui, mon frere, une partie ;
Je brûle de nous voir tous trois le verre en main.

LÉANDRE.

Nous aurons, fi tu veux, ce plaifir dès demain.

VALERE.

Taupe. Adieu.

LÉANDRE.

, Qui te preffe ?

VALERE.

Une affaire.

LÉANDRE.

Demeure.

VALERE.

Non, non ; Cloé m'attend.

LÉANDRE.

Oh ! J'ai tort. Voilà l'heure
A laquelle tu dois prendre d'elle leçon.
Vous vous feriez gronder, allez, petit garçon.

VALERE.

Finiffez ce difcours, car il m'impatiente.
Je ne veux pas fur elle enfin qu'on me plaifante.

LÉANDRE.

Je vois ce qui te fâche, elle te gêne un peu.

VALERE.

Il eft vrai, puifqu'il faut vous en faire l'aveu:
Elle a mille vertus, mais fon humeur févère
Contraint ma liberté, choque mon caractère.
Pour lui plaire j'ai beau garder certains dehors,
Je fens que dans le fond je fais de vains efforts.
Il faudra tôt ou tard que je rompe avec elle.
Et la fageffe enfin ne m'eft pas naturelle.

LÉANDRE.

A la tentation gardes de fuccomber,
Et fonge que ton cœur ne pouvoit mieux tomber.
Il eft certains momens que je te porte envie,
Et j'aimerois Cloé, fi je n'aimois Julie ;
A la vertu folide elle joint l'agrément.

VALERE.

Votre amour & le mien font mon étonnement ;
Et je ne comprens pas quelle étoile ennemie
Me fait aimer Cloé, vous attache à Julie :
Ce contrafte marqué qu'on voit dans nos humeurs,
A faire un choix contraire eût dû porter nos cœurs.
Gêné dans vos écarts, contraint dans ma fageffe,
Nous fommes, vous & moi, fage & fou par foibleffe.

LÉANDRE.

Je fens combien Julie a fur moi d'afcendant,
Ma raifon le combat, mais inutilement.
Dans tout ce qu'elle fait elle met tant de graces,
Que je me fens forcé de marcher fur fes traces.
Entraîné malgré moi, j'y trouve tant d'appas,
Que j'aime mieux fouvent m'égarer fur fes pas,
Et du bon fens, pour elle, abandonner l'ufage,
Que de le refpecter avec une plus fage.
Nous y gagnons tous deux. Ton efprit, tes écarts,
Demandoient une prude attentive aux égards,
Qui pût, mettant un frein à ta jeuneffe ardente,

Sous le nom de Maitresse, être ta gouvernante.
C'est ce que dans Cloé tu trouves dans ce jour.
Et moi, j'avois besoin de prendre de l'amour
Pour quelque jeune objet qui, par sa gentillesse,
Egayât mon esprit, déridât ma sagesse,
Telle est enfin Julie.

V A L E R E.

Oui; mais, tout franchement,
Près d'elle votre esprit s'égaye étrangement;
Il s'écarte par fois loin des bornes prescrites.

L É A N D R E.

Allons donc, mon cadet, vous passez les limites.
Vous même, qui voulez me donner des leçons,
Nous profiterons plus avec elle : sortons.
On ne prend les bons airs qu'en fréquentant les
    Dames,
Et, pour former les gens, ma foi, vive les femmes.

Fin du premier Acte.

ACTE II.

SCENE PREMIERE.
VALERE, CLOÉ.
CLOÉ.

Votre frere fe perd , & ce que j'ai prédit ,
Vous le voyez , Valere , aujourd'hui s'accomplit.
L'aveugle paſſion qu'il a pris pour Julie ,
Porte inſenſiblement ſon ame à la folie.
Cette jeune perſonne , enyvrant ſa raiſon ,
Lui fait boire à long traits un dangereux poiſon.
La ſcene du matin , paſſée en votre abſence ,
Prouve ſon changement & leur impertinence.
Il n'a pas fait ce pas pour reſter en chemin ,
Et Julie , à coup ſûr , le menera grand train.
Telle eſt d'un premier choix l'importance infinie ,
Qu'elle décide preſque , & pour toute la vie :

De la beauté qu'on aime, à votre âge sur-tout,
On prend facilement & l'esprit & le goût ;
Et c'est à sa sagesse, ou bien à ses caprices,
Que vous devez souvent vos vertus ou vos vices.

VALERE, *d'un air contraint.*

Autant que je le puis, autant que je le dois,
Je sens tout mon bonheur & le prix de mon choix.

CLOÉ.

Ce que vous dites-là, le pensez-vous dans l'ame ?

VALERE.

En douter un instant, c'est m'offenser, Madame.

CLOÉ.

Votre discours le dit, mais non pas votre ton ;
Je vois que je vous lasse à force de leçon.
Je vois que votre ardeur est par là réfroidie,
Et que tant de morale, à la fin, vous ennuie.

VALERE, *à part.*

Elle a quelque raison.

CLOÉ.

Si sur vos actions

Je vous donne pourtant quelques instructions,
Croyez que c'est l'effet d'une amitié sincère,
Et non d'un sot orgueil ou d'une humeur austère.

VALERE.

Ce n'est pas d'aujourd'hui que j'en suis convaincu,
J'ai suivi vos conseils autant que je l'ai pu.

SCENE

SCENE II.

LÉANDRE, VALERE, CLOÉ.

LÉANDRE.

Vousvoilà feule à feul. Je vous trouble peut-être.

CLOÉ.

Non, Monfieur; de refter vous êtes fort le maître.

LÉANDRE.

J'envie, à dire vrai, fon bonheur dans ce jour,
Et je crois voir Venus entretenir l'Amour;
L'inftruire tendrement, lui montrer l'art de plaire.
Mais vous ne dites mot, ni le fils, ni la mere?
(à *Valere*.)
Tu fais le langoureux? Allons, anime-toi.
Tu ne t'y prens pas bien. Tiens, tiens, regarde-moi.
Attaque-moi d'abord la place en militaire,
Prens des airs meurtriers, comme tu me vois faire.
Vois-tu cette mine, hem! Ce fouris, ce regard,
Capable de percer un cœur de part en part?
Ce dernier eft traître!

VALERE.

Oui, fûrement des plus traîtres;

C'eſt à faire jetter l'Amant par les fenêtres.

LÉANDRE, baiſant Cloé.

Puis, ſaiſiſſant la main, on prend d'un air courbé,
Un baiſer.... Celui-là, je le tiens d'un Abbé.

CLOÉ, d'un air ſevère,

Mais, Monſieur...

LÉANDRE.

Excuſez, c'eſt à la militaire,
Madame, & ſeulement pour inſtruire mon frere.

VALERE.

Cela ne vous va point, vous avez l'air gêné ;
Pour la folie, on voit que vous n'êtes point né.

CLOÉ.

Prenez garde à la fin, la choſe eſt ſérieuſe.
Craignez l'impertinence, elle eſt contagieuſe.

LÉANDRE.

Si vous donnez ce nom, Madame, à l'enjouement ;
A cette liberté qui produit l'agrément
Dont nous avons parlé tantôt avec Julie,
De m'en voir entiché, j'ai l'ame très-ravie :
L'impertinence....

VALERE.

Oui ; mais vous vous trompez au choix,
Car il en eſt plus d'une, & j'en citerai trois.

Celle des gens d'épée, & c'est la séduisante :
Pour celle des Abbés, elle est affadissante :
Mais la pire des trois, si vous me consultez,
C'est celle de Robin dont vous vous ressentez.

LÉANDRE.

Mais je crois que sur moi tu veux tirer, mon frere ?

CLOÉ.

Nous vous laissons, Monsieur...

VALERE.

C'est à la militaire.

_____

SCENE III.

LÉANDRE, *seul.*

Dans sa plaisanterie, il est outré pourtant ;
Je n'ai pas la fadeur que l'on reproche tant
A nos jeunes Robins, turlupins incommodes,
Peu versés dans les loix, & profonds dans les modes ;
Grands Juges de Théâtre, amoureux du nouveau ;
Célebres au foyer, inconnus au Barreau.
Mais, aveugle en ce point, peut-être je me flatte.
Sans s'en appercevoir, tous les jours on se gâte.
Mon frere pourroit bien n'avoir pas tout le tort ;
Et dans le fond du cœur, je sens certian remord.

C ij

Vain scrupule, après tout ! Je suis jeune, & d'un âge
Où c'est presque un défaut de paroître trop sage.
On doit me pardonner de prendre un peu l'essor ;
Je puis bien être fou deux ou trois ans encor.

SCENE IV.

LÉANDRE, DAMON.

DAMON.

Monſieur, je ſuis charmé, mais plus qu'on ne
peut dire ;
Tout va le mieux du monde, & pour vous en inſtruire,
J'arrive exprès.

LÉANDRE.

C'eſt toi, cher Damon de mon cœur :
Comment te portes-tu ? Je ſuis ton ſerviteur.

DAMON, à part.

Comment te portes-tu ? La fraſe eſt admirable !
Ce qu'on m'a dit de lui, me paroît véritable.
(à Léandre.)
Alcandre enfin. . . .

LÉANDRE.

Dis-moi, ſi l'amour, par haſard,
A ton voyage auſſi n'a pas un peu de part ?
Viens-tu voir la Marquiſe ? Elle eſt notre voiſine,
Ou plutôt, entre nous, n'eſt-ce pas ſa couſine ?

DAMON.

Il eft bien queftion de cela ?

LÉANDRE.

Cependant ,

Chez elle on vous a vu vous rendre affidument ,
Et l'on fçait.... .

DAMON.

Oui ; l'on fçait que l'eftime & le zèle...

LÉANDRE.

De ce zèle vraiment tu donnois à la belle
Une preuve..... ce foir..... là..... que je vous
    furpris ,
Sous un berceau de fleurs non-chalamment affis ;
Dans ces heureux momens, l'un & l'autre interdits;
Exprimant tout l'amour.... Ah! Fripon, tu rou-
    gis ?

DAMON.

Je rougis , il eft vrai , s'il faut que je m'explique ;
Mais c'eft le tems mal pris , non le trait qui me
    pique ;
J'en rirois le premier dans une autre faifon ;
Je fçaurois vous répondre & fur le même ton.
Mais lorfqu'auprès de vous, votre intérêt m'appelle,
Que je viens vous parler d'affaire effentielle ;

Vous faites l'agréable & le mauvais plaisant,
Raillant mal-à-propos & même fadement ;
De tous les procédés c'est le moins supportable,
Et qui doit révolter tout esprit raisonnable.

LÉANDRE.

Je n'y prenois pas garde, en vérité, pardon.
Parlons de notre affaire. Eh bien! mon cher Damon,
Avons-nous obtenu cette place importante ?

DAMON.

Oui. Tout en même tems, répond à votre attente.
Alcandre & ses amis ont tant fait, qu'en ce jour,
Vous êtes sûr d'avoir l'agrément de la Cour.

LÉANDRE.

Que ne vous dois-je pas pour la bonne nouvelle !..

DAMON.

Pour votre bienfaicteur, réservez ce grand zèle ;
Je dois de ce détail lui rendre compte à lui.
Vous viendrez avec moi.

LÉANDRE.

                    Non pas pour aujourd'ui.

DAMON.

Mais rien n'est plus pressant.

LÉANDRE.

                    J'y suis fort inutile.

C iv

D'ailleurs , il eft ici grave comme à la Ville.
Avec fa politique , il m'ennuie à la mort ,
Il eft toujours guindé , férieux.

DAMON.

Il a tort.

Il devroit avec vous fe rendre plus aimable ;
Il faut l'en avertir. Quel travers effroyable !
Je ne puis m'empêcher d'éclater à la fin ,
De m'impatienter avez-vous fait deffein ?
Je ne vous connois plus à ces extravagances ,
Et voilà la valeur de trois impertinences.

LÉANDRE.

C'eft par fincérité que je te parle ainfi.

DAMON.

Et par fincérité , je dois vous dire auffi ,
Qu'il ne vous convient pas , jeune comme vous êtes,
De tutoyer toujours les gens comme vous faites.
Quittez des airs fi faux. Ils vous échaperoient ,
Avec d'autres , Monfieur, qui s'en offenceroient.
C'eft oublier d'ailleurs ce que vous allez être ,
La dignité du rang où vous devez paroître.
Mais vous gardiez , n'étant que fimple Magiftrat ,
Beaucoup mieux les dehors & l'air de votre état.

LÉANDRE.

On doit à la campagne avoir plus d'indulgence ,
Je ferois à Paris plus fur la bienféance,

DAMON.

Il eſt certains égards qu'on a tort de braver ;
En tous tems, en tous lieux , on. doit les obſerver.

LÉANDRE.

Pour moi, dès que je ſuis dans un endroit champêtre ,
Je ſuis d'une gayté. . . . dont je ne ſuis pas maître.

DAMON.

En ce cas-là, partez. Cet air ne vous vaut rien.

LÉANDRE.

Et pourquoi ?

DAMON.

C'eſt , Monſieur , ſouvenez-vous en bien ,
Qu'à Paris , vous avez la raiſon en partage ,
Et que vous la perdez en reſtant au Village.

SCENE V.

LÉANDRE, DAMON, MÉLITE.

MÉLITE, *à Damon.*

AH Bon jour, notre ami !

DAMON.

Je vous fais compliment ,
Madame ; vous avez un vifage charmant.

LÉANDRE.

Pour moi, depuis tantôt , je vous trouve embellie ;
Mais félicitez-moi , Madame, je vous prie ;
Ce méchant homme-là , le croiriez-vous ? D'hon-
neur ,
Eft venu m'annoncer ma prochaine grandeur.
La Cour va me charger d'importantes affaires ;
Elle fait gracè à l'âge en faveur des lumières.

MÉLITE, *à Damon.*

Son pere , dites-moi , ne vient-il pas nous voir ?

DAMON.

Madame , inceffamment.

LÉANDRE.

Peut-être dès ce foir.

Car il eſt amoureux.

MÉLITE.

Et de qui ?

LÉANDRE.

De vous-même.
Je ſuis ſon confident , & je ſçais qu'il vous aime.

MÉLITE.

Mais vous prenez , Monſieur , certaines libertés
Qui ne conviennent pas , & vous vous écartez. . . .

LÉANDRE.

Madame. . . . .

MÉLITE.

A vous parler ſans nulle flatterie ,
Vous changez tous les jours auſſi-bien que Julie.
(*ſe tournant vers Damon.*)
Ils ſe gâtent tous deux.

SCENE VI.

LÉANDRE, DAMON, MÉLITE, JULIE.

DAMON, *fans voir Julie.*

IL eſt vrai, je crains bien.....

JULIE.

Vous êtes bien-heureux, vous qui ne riſquez rien.

DAMON.

Ah! C'eſt un guet à pend. Pardon, Mademoiſelle:
Pourquoi contre les gens vous mettre en ſentinelle?

JULIE.

Pour n'être plus Abbé, vous n'en valez pas mieux.

LÉANDRE, *à Mélite.*

Ah! C'étoit en rabat un fripon dangereux!
En public retenu, mais hardi tête-à-tête,
Des plus fieres beautés il faiſoit la conquête;
Et par tout eſtimé, ſans être régulier,
Portoit ſous l'habit court le cœur d'un Officier.

MÉLITE.

Epargnez vos amis, vous êtes trop cauſtique.

DAMON.

Vous vous applaudiſſez de ce trait ſatyrique;

Mais, Madame veut bien que je vous dife ici,
Que rien n'eft plus aifé que de railler ainfi ;
Et vous devez fçavoir qu'un trait ne coûte guere,
A qui veut fe donner une libre carriere :
Quand c'eft contre quelqu'un, la matiere fournit.
Et, dès qu'il dit du mal, un fot a de l'efprit;
C'eft, pour en faire cas, l'avoir à trop bon compte :
D'en avoir à ce prix un honnête homme a honte.

JULIE.

Eh ! fi, Monfieur, Eh ! fi : vous faites le Pédant.

DAMON.

J'en fuis fâché. Monfieur m'y force à tout moment.

JULIE.

Moi ! Dans vos fentimens je vous trouve gothique :
C'eft le ton du grand monde, il faut être cauftique.

MÉLITE.

Taifez-vous. Ce n'eft pas à vous à raifonner ;
Je vous quitte, pardon. J'ai quelqu'ordre à donner.

DAMON.

Point de façon ; je fuis ami de la famille.

MÉLITE.

Léandre, donnez-moi la main ; & vous, ma fille,
Gardez-vous de fortir fans ma permiffion.

JULIE.

Ah ! Je brûle déja de quitter la maifon.

SCENE VII.

DAMON, JULIE.

JULIE, *à part.*

IL faut premierement que je m'en débarraffe.
(*à Damon.*)
Je voudrois bien, Monfieur, vous prier d'une grace.

DAMON.

De quoi?

JULIE.

C'eft, s'il vous plaît, d'aller vous promener:
Car, je veux être feule, & vous m'allez gêner.

DAMON.

Quand vous priez les gens, c'eft de fi bonne grace,
Qu'on ne peut refufer. Je vous quitte la place.

SCENE VIII.

JULIE *seule, tirant une lettre.*

JE fuis libre. Voyons notre lettre à préfent ,
Je n'ai depuis tantôt pu trouver un inftant.

(*Elle lit le deffus,*)

Je fuis impatiente... *à Madame Mélite...*
Bon ; c'eft-là le Billet que je veux. Ouvrons vîte.
Diantre ! J'ai déchiré tout l'endroit du cachet ,
Continuons toujours, & lifons le poulet.

(*Elle lit la lettre.*)

Je ne puis plus fupporter votre abfence. Je brûle ....
Ah ! Voilà qui promet du touchant & du tendre.
Je voudrois, pour en rire, avoir ici Léandre.
Je le vois.

SCENE IX.

LÉANDRE, JULIE.

JULIE, appellant Léandre & lui faisant signe du doigt.

St, St, St ; venez , approchez-vous :
Je veux vous régaler.

LÉANDRE.

De quoi ?

JULIE.

D'un billet doux
Que votre pere écrit à ma très-chere mere.

LÉANDRE.

Par ma foi , c'est de lui ; voilà son caractère.
Comment l'avez-vous eu ?

JULIE.

Dulaurier l'a laissé
Tomber ici tantôt, & je l'ai ramassé.
Mais , voyons promptement ,
(*Elle lit.*)
Je ne puis plus supporter votre absence. Je brûle de vous aller trouver , ma charmante veuve.

LÉANDRE.

LÉANDRE.

Je brûle, ma charmante,

Comme il se passionne ! Oh ! ce début m'enchante.

JULIE.

Monsieur, n'est-il pas vrai que cela fend le cœur ?

Ecoutez, écoutez. Voici bien le meilleur.

(*Elle continue.*)

J'ai mille choses à vous dire, que je vous ai déja
dites ; mais qu'il faut que vous écoutiez une fois sé-
rieusement. Vous sçavez que je vous ai aimée avant
votre mariage, que mon amour ne s'est jamais démenti
un seul instant, & que vingt ans ne l'ont pas ralenti.

Ah ! Cela fait trembler. Quelle constance horrible !

LÉANDRE.

Qui l'eût cru, que mon pere eut le cœur si sensible ?

C'est-là ce qu'on appelle un héros de Roman !

JULIE.

En tient-il le papa pour ma chere mamän ?

Ce billet est divin ; j'en veux tirer copie.

LÉANDRE.

Oui-da... Mais, vertubleu ! vous avez tort, Julie,

D'avoir décacheté le billet que voilà ;

La suite en est à craindre, on s'en apperçevra.

JULIE.

Ne songeons maintenant qu'au plaisir qu'il nous
cause,

Tome II.　　　　　　　　　　　　D

Puis nous remédirons, s'il se peut, à la chose,
(*Elle poursuit.*)

Vous n'avez rien à m'opposer, notre âge est sortable,
aussi-bien que nos inclinations. Vous avez trente ans,
& j'en ai quarante.

LÉANDRE.

Vous vous en dérobez, mon pere, plus de dix.

JULIE.

Il fait grace à ma mere au moins de cinq ou six.
(*Elle reprend.*)

Que tardez-vous donc, Madame, à faire mon
bonheur eu couronnant ma flamme?

LÉANDRE.

Tudieu, qu'il est pressant !

JULIE.

Que tardez-vous, Madame;
A faire mon bonheur en couronnant ma flamme?
Mais rien n'est si charmant que ces paroles-là !
On croiroit qu'elles sont d'un nouvel Opera.

SCENE X.

LÉANDRE, JULIE, DULAURIER.

DULAURIER, *entrant en homme qui cherche.*

J'Ai beau courir, chercher... Mais Julie & Léandre
Lisent seuls une lettre. Approchons pour entendre.

JULIE.

Achevons au plutôt de lire le poulet.

(*Elle, lit.*)

 Que tardez-vous donc, Madame, à faire mon bon-
heur en couronnant ma flamme ? J'irai vous en presser
au plutôt. LISIMON.

DULAURIER.

Je n'en puis plus douter, & voilà mon billet.
Que vois-je ! Malheureux, que venez-vous de faire ?
Décacheter & lire un billet de son pere,

(*à Julie.*)

Ecrit à votre mere, & dont je suis chargé !
Où sommes-nous ? ô tems ! ô mœurs ! Tout est changé.

JULIE.

Mais, Monsieur Dulaurier....

      D ij

DULAURIER.

     Ayant furpris mon zèle,
Vous me l'aurez tantôt volé, Mademoifelle :
Dérober un dépôt ! le crime eft des plus grands.
C'eft aller . . . c'eft aller contre le droit des gens !

JULIE.

Mais, vieux fou, le billet que nous venons de lire,
N'eft point du tout celui que vous prétendez dire.

DULAURIER.

A d'autres ! Ce billet eft figné, LISIMON.

LÉANDRE.

On doit en être cru, quand on vous dit que non.

DULAURIER.

Oh ! J'en crois mon oreille, & je vais au plus vîte
M'en plaindre & conter tout à Madame Mélite.
Ce font des procedés indignes.

LÉANDRE,

     Alte-là.

JULIE, *préfentant le billet.*

Pour un mauvais billet, que de bruit ! Le voilà.

DULAURIER.

Moi, dans l'état qu'il eft, je ne veux pas le prendre ;
Ainfi décacheté, le moyen de le rendre ?

LÉANDRE.

Il faut le fupprimer.

DULAURIER.

Je fuis votre valet.

LÉANDRE.

Si tu parles , maraut , jamais de ce billet ,
Je t'affomme.

JULIE.

Il ne faut lui couper qu'une oreille ,
S'il dit rien.

DULAURIER.

Grand merci. La grace eft fans pareille.

JULIE, *à Léandre.*

Sortons vîte. Venez chez Hortenfe un moment.

SCENE XI.

DULAURIER, *seul.*

Moi, j'attens pour parler, fon pere feulement ;
Et je leur ferai voir dans cette conjonĉture,
Que Dulaurier eft ferme, & qu'il fuit l'impofture.

Fin du fecond Aĉe.

ACTE III.

SCENE PREMIERE.

LÉANDRE, JULIE.

LÉANDRE.

AVec quelque raison votre mere est fâchée ;
Nous en avons trop fait, & la lettre lâchée....

JULIE.

Que les parens sont sots avec leur sérieux !
On ne peut un moment badiner avec eux.
Je vais sur ce sujet être plus circonspecte ,
Le foible de ma mere est que je la respecte.

LÉANDRE.

A-t-elle tout le tort ? Parlons de bonne foi;
N'étoit-ce pas assez d'en rire vous & moi ,
Et devions-nous, Julie , avoir tant d'imprudence ,
Que d'en railler par-tout & même en sa présence ?

D iv

JULIE.

Allez-vous là-deffus me faire un long fermon,
Et m'ennuyer, Monfieur, à force de raifon ?

SCENE II.

LÉANDRE, JULIE, DAMON.

DAMON.

JE fors d'une maifon où l'on m'a fait entendre
Des chofes que de vous je fuis fâchée d'apprendre.
Je viens pour vous en faire un reproche à tous deux.

JULIE.

Mais, c'eft une gageure ! & chacun en ces lieux
Viendra...

DAMON.

Mademoifelle, il n'eft pas tems de rire ;
La chofe eft férieufe, & je dois vous la dire :
Tout le monde eft ici contre vous déchaîné.
A votre égard, Monfieur, je demeure étonné ;
Vous allez contre vous indifpofer Alcandre,
Dans le tems que de lui vous devez tout attendre,
Et vous venez de rompre en vifiere aujourd'hui,
A des gens pleins d'honneur qui viennent avec lui;
Vous riez à leurs nés, entraîné par Julie,
Et, fort impoliment, leur fauffez compagnie ;

Enſuite vous ſortez, vous allez chez les gens,
Plaiſanter là-deſſus , & rire à leurs dépens :
Vous étendez vos traits juſques ſur votre pere.

(en montrant Julie.)

D'un prétendu billet qu'il écrit à ſa mere ,
Vous montrez la copie , & vous allez conter
L'hiſtoire de ſa flamme à qui veut l'écouter.
Qu'il eſt honteux pour vous , qu'il eſt doux pour
   Valere ,
Qu'on vous voye effacer tout ce qu'il a pu faire !
Si votre pere vient à ſçavoir tout cela ,
Songez-vous bien alors quel éclat il fera ?
De ſon juſte courroux vous avez tout à craindre ;
Et ſerez malheureux, Monſieur, ſans être à plaindre.

LÉANDRE.

Il ſuffit ; je ſerai plus prudent déſormais.

JULIE.

Ce n'eſt qu'un badinage , & tous ces petits traits...

DAMON.

Pour reſter dans l'erreur , vous êtes trop aimable ,
Et moi, pour vous tromper, je ſuis trop véritable.
Vous avez le cœur noble & le naturel bon ;
Mais vous êtes trop vive , & manquez de raiſon.
Vous bravez les égards, ſans être au fond méchante.

Si Léandre , arrêtant votre ardeur imprudente ,
De vous servir de guide avoit la fermeté ,
Il tourneroit à bien cette vivacité ;
Son amour par degrés vous rendroit raisonnable ,
Et vous seriez alors une fille adorable.
Mais , soit malgré lui-même , ou par contagion,
Il laisse , auprès de vous , endormir sa raison.
Vos graces , par malheur , ont l'art de le séduire;
Il se laisse mener , au lieu de vous conduire.

J U L I E.

Que voulez-vous donc dire avec cet entretien ?
Si je mene Monsieur , je le mene fort bien.

D A M O N.

Vous le menez très-mal; soit dit sans vous déplaire:
Il devient , graces à vous , tel qu'on a vu son frere.
Vous le précipitez dans vos égaremens ;
Et l'on est si choqué de vos traits imprudens ,
Qu'afin qu'aucun des deux aujourd'hui ne l'ignore ,
Du nom d'impertinens , par-tout, on vous honore.

J U L I E.

Nous sommes d'âge à l'être,& le mal n'est pas grand.

L É A N D R E.

Mais le monde se trompe , & dans son jugement...

D A M O N.

Vous vous trompez-vous-même , & dans l'impertinence ,

On va toujours , Monfieur , plus loin que l'on ne
   penfe ;
C'eft un terrein gliffant , & qui trompe d'abord ;
Aifément on y tombe , avec peine on en fort ;
Et , dès qu'on eft plongé dans cette bourbe épaiffe,
On prend pour enjoûment,on prend pour gentilleffe
Et pour des traits d'efprit , des écarts de bon fens,
Et d'un cerveau brûlé les délires fréquens.

LÉANDRE.

Ce difcours eft fenfé , mais on peut être fage...

JULIE.

Ce difcours , ce difcours n'eft qu'un pur radotage.

DAMON.

Le pis eft. . .

JULIE.

     Le pis eft qu'on peut, avec raifon,
Vous appliquer , Monfieur , votre comparaifon :
Mais de tous ces propos , pourquoi me mettre en
   peine ?
Sçais-je pas qu'il radote une fois la femaine ?
C'eft aujourd'hui le jour.

DAMON.

     Ç'en eft trop : je fuis las
De prêcher la raifon à qui ne l'entend pas.
       (Il fort.)

SCENE III.

LÉANDRE, JULIE.

LÉANDRE.

Damon fort tout fâché. J'ai regret qu'il nous
quitte ;
Je crois qu'il a raifon ; car enfin je médite . . .

JULIE.

Tant pis ; vous avez tort, Monfieur, de méditer.

LÉANDRE.

On doit...

JULIE.

On doit me croire & ne pas l'écouter.

LÉANDRE.

Mais il faut confulter quelquefois dans la vie,
La raifon, le bon fens.

JULIE.

Fi, le bon fens ennuie :
Vous-même qui plaifez par mille traits faillans,
Vous n'avez de l'efprit que faute de bon fens.

LÉANDRE.

Souffrez du moins, souffrez que je vous repréfente...

JULIE.

Moi , je ne fouffre rien.

LÉANDRE.

Vous êtes étonnante !

JULIE.

Et vous l'êtes bien plus avec votre raifon.
C'eft peu de vous livrer à la réflexion,
De m'en empoifonner vous avez la malice.
Et vous m'aimez, Monfieur ?

LÉANDRE.

Quelle eft votre injuftice !
Non , on n'aima jamais avec plus de tranfport ;
Cette même raifon qui vous choque fi fort ,
Elle a beau m'éclairer, pour vous plaire , Julie ,
A chaque heure du jour je vous la facrifie.
Inftruit de mes devoirs , pour vous feule j'en fors,
Et vous imite en tout, malgré tous mes remords.

JULIE.

Et moi, Monfieur, malgré votre air mélancolique ,
Malgré l'ennui qu'il porte & qu'il me communi-
que ,
Et malgré cent difcours propres à m'affommer ,
Je vous fouffre, & fuis foible affez pour vous aimer.

SCENE IV.

LÉANDRE, JULIE,
LA FLEUR.

LA FLEUR.

MOnfieur Reiter eft-l'à, Monfieur, qui vous demande.

JULIE.

Je fuis! C'eft le parent de la Dame Allemande.

LÉANDRE, *à Julie.*

(*à la Fleur.*)

Antendez. Va, dis-lui...

LA FLEUR.

Qu'eft-ce que je dirai ?

LÉANDRE.

Qua je n'ai pas le tems, que je le manderai.

LA FLEUR.

Je ne lui ferai pas de réponfe femblable ;
Je le connois, Monfieur, il eft brutal en diable.

LÉANDRE.

Qu'il entre donc.

J U L I E.

Parlez à cet homme d'un ton,
Qu'il ne remette plus le pied dans la maison.
(*Elle sort.*)

SCENE V.

LÉANDRE, MONSIEUR REITER, LA FLEUR.

LÉANRE, *à part.*

IL faut rompre avec lui d'une façon polie.
(*haut.*)
Un fauteuil à Monſieur. Seyez-vous je vous prie.
(*La Fleur tire un fauteuil, & puis ſort.*)

M. REITER.

Ah ! C'eſt être civil trop exceſſivement ;
Comme un bon Etranger traitez-moi franchement.

LÉANDRE *d'un air important.*

On ſçait trop...

M. REITER.

Entre nous, la meilleure manière,
Eſt toujours la plus ronde & la plus familière.

LÉANDRE.

On ſçait ce qu'on vous doit ; & quand j'agis
ainſi...

M. REITER.

Pour vos amis, Monſir, vous êtes trop poli,

Et

Et vous ne l'êtes pas affez envers les Dames :
Moi , plus groffier que vous , refpecter mieux les
   femmes.

        LÉANDRE, *d'un air de Seigneur.*

Expliquez-vous , de grace ,& daignez être affis.

          M. REITER.

Moi , me trouver fort bien , Monfir , comme je
   fuis :
Cette civilité dont vous m'êtes prodigue ,
Je vous l'ai déja dit , me choque & me fatigue ;
Ces petits airs Seigneurs n'être pas de mon goût.
Ne me protégez point.

         LÉANDRE.

               Eh bien ! parlons de bout ,
Parlons. Puis-je vous être utile à quelque chofe ?
De ce qui vous amene apprenez-moi la caufe :
Mais , Monfieur , dépêchons , je fuis preffé du
   tems.

          M. REITER.

Pour ménager, Monfir, vos précieux momens ,
Sçachez-donc que je viens vous faire ici reproche ,
D'avoir fi mal reçu ma parente très-proche.
D'une Dame comme elle on ne rit pas au né ,
Elle en eft très-choquée , & moi très-étonné ;
C'eft manquer grandement à cette politeffe.

   Tome II.   E

Dont vous faites parade , & qu'en France on pro-
feffe ;
On ne doit pas quitter fi brufquement les gens.
Ce façon-là d'agir eft des plus infultans:
Si vous voulez , Monfir , que notre amitié dure,
Il faut pour réparer une pareille injure ,
Venir chez ma parente avec moi maintenant ,
Lui faire là-deffus un petit compliment.

LÉANDRE, *en le contrefaifant.*

Un petit compliment ? La mode en eft paffée ;
D'ailleurs , votre parente a tort d'être offenfée :
Et, s'il m'eft échapé de rire ce matin,
C'étoit de fouvenir , & fans aucun deffein.

M. REITER.

Vous regardiez alors Madame la Batonine ,
Et dans le même tems, la petite perfonne
Près de qui vous étiez , faifoit de grands éclats,
Et la contrefaifoit, en vous parlant tout bas.

LÉANDRE.

Eh bien ! Monfieur Reiter ; quand nous aurions ri
d'elle ,
Faudroit-il pour cela m'en faire une querelle ?

M. REITER.

Comment ! Vous infulter, par un titre indifcret,
Ma Coufine germaine , & moi refter muet ?

LÉANDRE.

Ma Cousine germaine ! Oh ! Le plaisant scrupule !
Fût-elle votre sœur, dès qu'elle est ridicule,
Au lieu de vous piquer d'être son Chevalier,
Vous devez au contraire en railler le premier.
Afin qu'à cet égard vous n'ayez rien à dire,
De tous les miens, Monsieur, je vous permets de
  rire :
Car j'ai, graces au Ciel, tout un tas de parens,
Les plus originaux & les plus plates gens ;
N'en épargnez aucuns, mettez-les tous en pièces,
Cousines & Cousins, Oncles, Tantes & Nièces ;
Je veux non seulement vous les abandonner,
Mais vous aider encor, moi-même à les berner.

M. REITER.

Et m'abandonnez-vous, ainsi que vos parentes,
Vos Maîtresses, Monsir, qui sont impertinentes,
Qui causent entre-nous ces petits démêlés ?

LÉANDRE.

Qui sont-elles, Monsieur, ces Maîtresses ? Parlez.

M. REITER.

Et c'est, sans la nommer, la petite Julie.

LÉANDRE.

Arrêtez. Sur ce point j'entens peu raillerie.

M. REITER.

Vous vous croyez permis de rire impunément
D'une Dame estimable, & dont je suis parent?
Et vous trouve mauvais, quand on appelle ensuite
Un enfant sans raison, du nom qu'elle mérite ?
Si vous, Monsir, en France, avez de ces façons,
Oh ! par la ventre ! Moi, vous donner des leçons.

LÉANDRE.

Vous ?

M. REITER.

Oüi ; Reiter, Reiter, vous apprendroit à vivre,
Si vous être...

LÉANDRE.

Sortez, je suis prêt à vous suivre.

M. REITER.

Vous, échappé de Robbe, attaquer mon valeur?

LÉANDRE.

Quelque état qu'il professe, un François a du cœur.

Fin du troisiéme Acte.

ACTE IV.

SCENE PREMIERE.

MÉLITE *seule.*

IL faut qu'à Dulaurier on ait surpris la lettre,
Que je sçais qu'en main propre il devoit me remettre?
Je soupçonne une chose, il faut la pénétrer.
Je veux sçavoir de lui... Mais je le vois entrer.

SCENE II.

MÉLITE, DULAURIER.

DULAURIER, *d'un air effaré.*

Léandre...

MÉLITE.

Eh bien?

E iij

DULAURIER.
Se bat, Madame !

MÉLITE.
Eſt-il poſſible !

DULAURIER.
Ah ! Moi-même j'ai vu ce ſpectacle terrible !
J'ai vu briller de loin les flamberges en l'air !
Il s'égorge , vous dis-je , avec Monſieur Reiter.

MÉLITE.
Ah ! Quel malheur affreux !

DULAURIER.
Sans tarder davantage ,
Je vais chercher Damon pour arrêter leur rage.
Je ſens que les momens ſont précieux.

MÉLITE.
Oui. Va :
S'il en eſt tems encor , il les ſéparera.

SCEEE III.

MÉLITE *feule, fe laiffant aller fur un fauteuil.*

JE me meurs ! Je n'en puis plus ! J'expire !

SCENE IV.

MÉLITE, CLOÉ.

MÉLITE.

AH ! Cloé ! vous voilà. Que venez-vous me
  dire ?
Léandre eft-il vivant , ou Léandre eft-il mort ?
Ah ! Si vous le fçavez , apprenez-moi fon fort.
Tout mes fens font faifis d'une frayeur mortelle.
Parlez.

CLOÉ.

Je n'en fçais pas encore de nouvelle.
Le malheur, comme vous , m'afflige au dernier
  poînt :
Mais je l'appréhendois, il ne me furprend point.

MÉLITE.

Eh ! Qui pouvoit prévoir cette fuite cruelle ,

Et qu'ils s'égorgeroient pour une bagatelle ?
Je suis au désespoir ! Je crains tout pour ses jours.
Damon arrivera trop tard à son secours.

SCENE V.

MÉLITE, CLOÉ, VALERE.

VALERE.

TRiomphe ! Honneur ! Victoire. Ah ! Mesdames,
mon frere
Vient de faire un exploit digne d'un Mousquetaire.
Il s'est contre Reiter battu très-vaillamment,
On les a séparés dans ce même moment.

MÉLITE.

Ah ! Je respire enfin. Vous me rendez la vie.

CLOÉ.

Le combat détourné me console en partie.

MÉLITE.

Il est bon d'étouffer cette affaire en naissant,
Et j'y vais travailler très-sérieusement.

SCENE VI.

CLOÉ, VALERE.

CLOÉ.

MOi, dans ce qu'il a fait j'approuve fort mon
frere ;
J'en suis presque jaloux.

CLOÉ.

Vous avez tort, Valere.
Vous devez le blâmer au lieu de l'applaudir ;
Et vous parlez ainsi, faute d'approfondir.
Cette affaire est pour lui cruelle, épouvantable.
De se l'être attirée il n'est pas excusable.
Voilà le précipice où sa maîtresse enfin,
Imperceptiblement, l'à conduit par la main;
Et vous verrez dans peu, par une suite affreuse,
Combien l'impertinence est en soi dangereuse.

SCENE VII.

VALERE, CLOÉ, JULIE.

JULIE.

JE ne vois point Léandre, où s'eft-il donc caché?
Pour le féliciter je l'ai par-tout cherché.
Je brûle . . .

CLOÉ.

Vous venez d'illuftrer fa mémoire.
Il vous revient au moins la moitié de la gloire :
Il n'auroit pas, fans vous, exercé fa valeur.

JULIE.

Vous croyez m'offenfer, vous me faites honneur.
Vous avez vos talens, & j'ai mes avantages:
Je forme des Héros, fi vous formez des Sages.

CLOÉ.

On eft prêt de vous croire, ou du moins ébloui:
Mais Léandre paroit, je vous laiffe avec lui.

SCENE VIII.

LÉANDRE, VALERE, JULIE.

JULIE, *à Léandre.*

AH ! Je vous attendois avec impatience.
Venez qu'on vous embraſſe , & qu'on vous récom-
penſe.

LÉANDRE, *embraſſant Julie.*

Un tel prix m'eſt bien doux.

VALERE.

Après votre haut fait ,
Vous méritez , Monſieur , d'arborer le plumet.

LÉANDRE.

Plus que vous ne penſez cet éloge me flatte.

VALERE.

Mon frere , ſouffrez donc qu'ici ma joye éclate.

JULIE.

Une action ſi belle augmente de moitié
Mon eſtime pour vous & ma vive amitié.
J'aime les braves gens plus qu'on ne ſçauroit dire ;
Les armes ont ſur-tout un charme qui m'attire.
Si de naître garçon j'avois eu le bonheur ,

J'aurois été d'épée, & vive fur l'honneur.
J'aurois fçu me tirer joliment d'une affaire ;
Je fuis à redouter, fur-tout dans ma colere.

LÉANDRE.

Il eft vrai, vous avez le regard meurtrier ;
On fe déffendroit mal contre un tel Cavalier.

JULIE.

Mais dans mon genre auffi je me fuis fignalée.
Madame la Baronne, ah ! Je l'ai régalée !
Je l'ai dans mon chemin trouvée au même inftant,
Que vous meniez Monfieur Reiter tambour bat-
     tant.
Elle venoit alors de fe plaindre à ma mere,
De ce que nous ofions tous deux la contrefaire.
Je l'ai fçu relever là deffus comme il faut.
Elle a voulu d'abord me parler d'un ton haut :
Mais fur elle bien-tôt j'ai faifi l'avantage
Au point qu'elle étouffoit & bégayoit de rage.
Il faut qu'un dernier trait couronne nos exploits.
Ecoutez, mes amis, tenons confeil tous trois.
Je veux à notre gloire affocier Valere.

VALERE.

C'eft trop d'honneur, vraiment, que vous me vou-
     lez faire.

JULIE.

Meſſieurs, la place eſt priſe, il faut la ſaccager.

LÉANDRE.

Me voilà prêt à tout. Je brave le danger.

JULIE.

Imaginons enſemble une pièce ſanglante
Pour achever Reiter, & ſur-tout ſa parente.
Cherchons tous.

VALERE.

Je n'ai pas d'imagination.

LÉANDRE.

Je me charge, pour moi, de l'exécution.

JULIE.

Attendez, d'un beau feu mon ame eſt poſſedée.
Il me vient tout-à-coup une excellente idée.
Faites-moi tous les deux des couplets bien mor-
dans.
Mais des couplets à mettre au déſeſpoir nos gens ;
Que, ſans perdre un moment, chacun de vous y rêve:
Il faut que de douleur notre Baronne en crêve.

LÉANDRE.

De mon frere, morbleu ! que nai-je le talent!
La Baronne ſeroit chanſonnée à l'inſtant.

JULIE.

Verſifions, courage, allons mon cher Valere,

La palme vous attend au bout de la carriere.

VALERE.

Bon !

JULIE.

Vîte, rimez donc.

VALERE.

Je ne puis pas , d'honneur.

JULIE.

Vous voulez qu'on vous prie ?

LÉANDRE.

Allons , tu fais l'Auteur.

VALERE.

Si j'étois découvert.

JULIE.

Vous êtes ridicule.

LÉANDRE.

Oh ! Parbleu ! pour t'ôter jufqu'au moindre fcru-
pule ,
Nous répandrons le bruit qu'ils font de Dulaurier.

JULIE.

C'eft bien dit. Sous fon nom il faut les publier.

VALERE.

Contre ce dernier trait je ne puis me défendre ,
Et par mon foible enfin vous venez de me pren-
dre.
Je trouve le moyen de me vanger de lui ,

Je veux que sur son dos tout retombe aujourdh'ui.

LÉANDRE.

Cours vîte y travailler.

VALERE.

Oui ; je sors pour les faire.
Dans deux tours de jardin, vous aurez votre affaire.

SCENE IX.

LÉANDRE, JULIE.

JULIE.

DE les défefpérer je me fais un plaifir.

LÉANDRE.

Et moi, de vous aider à vous bien réjouir.

JULIE.

De voir nos couplets faits je fuis impatiente.

Je veux fous leur fenêtre, oui, je veux qu'on les chante.

Je voudrois bien fçavoir alors ce qu'ils diront,

Et voir, dans ce moment, les mines qu'ils feront.

LÉANDRE.

Quelqu'un vient. C'eft Damon. Comment! il nous évite.

SCENE

SCENE X.

LÉANDRE, DAMON, JULIE.

LÉANDRE.

Damon, de grace, un mot. Où courez-vous si vîte ?
Pourquoi me fuir ainſi ? Dites-m'en le ſujet.

DAMON.

Je n'ai rien à vous dire.

JULIE.

Après ce qu'il a fait,
Vous ne répondez rien ?

DAMON.

Je n'ai rien à répondre.

JULIE.

Mais, depuis quelque tems, il devient hypocondre.
Il eſt d'une réſerve... & d'une gravité...
Damon n'eſt plus Damon, le voilà tout Cloé.
J'ai pour vous de l'eſtime, elle eſt juſte ſans doute,
Mais, ſi vous perſiſtez, vous l'allez perdre toute.
Elle eſt digne, Monſieur, que vous en faſſiez cas.
Vous ſçavez que mon cœur ne la prodigue pas.

DAMON, à Léandre.

Adieu. Je vous dirois des vérités trop dures.

Tome II.   F

LÉANDRE.

Demeurez. Dussiez-vous me dire des injures.
J'ai pris en bonne part toujours tous vos avis.

DAMON.

Vous auriez bien mieux fait de les avoir suivis.

LÉANDRE.

De vos plaintes ici je ne vois point la cause.

JULIE.

Mais, toute la journée, on ne fait autre chose.

DAMON.

Mais vraiment on a tort, & vos faits glorieux....

JULIE.

Oh ! quand vous sermonez, vous êtes ennuyeux.
Vous vouliez nous quitter, & c'est moi qui vous
   quitte.
La morale m'assomme, & je sors au plus vîte.

SCENE XI.

LÉANDRE, DAMON.

DAMON.

JE vois avec douleur...

LÉANDRE.
Quoi?

DAMON.
Que par cet éclat,
Vous vous êtes perdu, Monsieur, dans votre état.

LÉANDRE.
Moi! Monsieur, & pourquoi?

DAMON.
Vous êtes dans l'yvresse,
Et vous ne sentez pas le malheur qui vous presse.
Votre derniere affaire...

LÉANDRE.
Auprès des gens de cœur
Doit me faire, sans doute, infiniment d'honneur,
Son éclat ne sçauroit ternir ma renommée.

DAMON.
Par tous les gens sensés elle sera blâmée;
Et vous allez, dans peu, ressentir par l'effet,

Le tort que dans le monde elle vous aura fait.

LÉANDRE.

Mais on doit se défendre alors qu'on nous outrage.
Faut-il être Officier pour avoir du courage ?

DAMON.

Avec Monsieur Reiter vous avez tout le tort.
Loin de vous excuser, vous l'avez pris d'abord
Et d'un air & d'un ton...

LÉANDRE.

Oh ! celui-là me blesse.
Je l'ai reçu, Monsieur, mais d'une politesse...

DAMON.

Tout-à-fait insultante, & sentant le Seigneur,
Telle que vous l'auriez pour votre inférieur.

LÉANDRE.

Du moins à la valeur vous devez faire grace ;
Car c'est une vertu...

DAMON.

Quand elle est en sa place,
Qu'elle a de son côté le droit & la raison,
Et qu'elle ne fait rien qui soit hors de saison ;
Mais, si-tôt qu'elle insulte, & suit un vain caprice,
De vertu qu'elle étoit, elle devient un vice :
Et la victoire due à la seule fureur,
Attire du mépris, au lieu de faire honneur.

Ce difcours eft fi vrai, Monfieur, que votre affaire
Seroit très à blâmer, même dans votre frere ;
A plus forte raifon, un homme comme vous,
Qui doit repréfenter, fervir d'exemple à tous.

LÉANDRE.

Quoique vous en difiez, je fuis très-excufable.

DAMON.

Non; euffiez-vous raifon, vous feriez très-blâmable.
Le rang qu'on doit tenir veut être refpecté.
A voir votre action par fon plus bèau côté,
Dans un jeune Officier elle feroit brillante ;
Mais dans un homme grave elle eft toûjours cho-
    quante.
Chacun de fon état doit avoir les vertus.
La vertu qu'on déplace, en un mot, ne l'eft plus;
Elle donne, au contraire, un ridicule extrême,
Qui n'eft pas effacé par la victoire même.
C'eft inutilement qu'on vous le cacheroit.
Vous venez de vous perdre; & ce malheureux trait,
Comblant tous vos écarts par l'éclat qu'il va faire,
Sur eux, aux yeux de tous, portera la lumière.
Vous allez devenir la fable de la Cour,
Le mépris de la Ville, & l'hiftoire du jour.
On citera par-tout vos traits d'impertinence.
Ce malheur vous arrive, en quelle circonftance !

F iij

Tout prêt de parvenir au rang le plus brillant,
Dont vous vous excluez par-là honteusement :
Ce qui vous charge encor d'un nouveau ridicule,
Et, tout prêt d'avancer, pour jamais vous recule.

LÉANDRE.

Que me dites-vous-là ? Vous m'allarmez enfin.
Vous croyez que ce coup m'arrête en mon chemin?

DAMON.

Il faut, en vérité, pour en douter vous-même,
Que votre aveuglement, Monsieur, soit bien ex-
  trême.
Vous avez insulté, dans cette affaire-ci,
Votre premier patron, votre meilleur ami.
D'Alcandre vous avez épuisé la tendresse.
D'agir encor pour vous s'il avoit la foiblesse,
Des plus honnêtes gens il se verroit berner,
Et, par respect pour lui, doit vous abandonner.
Vous avez, dans ce jour, choqué toute la terre ;
Tout le monde, à son tour, va vous livrer la guerre;
Et vous devez tout craindre en cette extrémité,
D'un pere contre vous justement irrité.

LÉANDRE.

Comment ! Monsieur, comment ! des riens, des
  bagatelles
Traîneroient après soi des suites si cruelles?

DAMON.

Qu'appellez-vous des riens? Ce n'en font plus, vraiment;

C'est le comble, Monsieur, de tout égarement.

Toujours dans ses progrès, telle est l'impertinence,

Elle est imperceptible, & foible en sa naissance;

Et c'est, pour ainsi dire, un simple filet d'eau

Qui du commencement forme un léger ruisseau;

Puis, accru tout-à-coup, c'est un torrent rapide

Qui part & nous entraîne où sa fureur le guide.

On se ressent toujours de ses impressions;

Et ce vice ressemble aux grandes passions.

Non; la fureur du jeu n'est pas plus ruineuse.

La crapule n'est pas plus basse, plus honteuse;

Et je vous aimerois autant, ou peu s'en faut,

Yvrogne ou bien joueur, qu'atteint de ce défaut.

Son poison dans l'esprit fait le même ravage;

Il trouble la raison, il en ôte l'usage;

Jusqu'aux derniers excès porte nos sens séduits:

La honte, les remords en font les tristes fruits;

Et nous n'ouvrons les yeux sur nos extravagances,

Qu'après qu'ayant heurté toutes les bienséances,

Nous perdons rang, crédit, considération;

Que chacun nous fait voir son indignation,

Et nous donne pour prix de notre impertinence,

Le titre humiliant d'homme sans conséquence.

Vous êtes dans le cas ; & ma trifte amitié
Ne fçauroit plus vous voir que d'un œil de pitié.
Eft-il poffible, ô Ciel ! qu'un homme de mérite,
Dont on louoit par-tout l'efprit & la conduite,
Par l'afcendant fatal d'un malheureux amour,
Se foit perdu fi vîte, & cela fans retour !
Je fuis touché des maux que vous avez à craindre;
Je voudrois les parer, & ne puis que vous plaindre.
Adieu. Votre préfence augmente ma douleur,
Et je fuis un objet qui me perce le cœur.

SCENE XII.

LÉANDRE *seul.*

JUfte Ciel! quel reproche ! & quel trait de lu-
mière
Sur mes égaremens en cet inftant m'éclaire !
Où fuis-je ? Quel réveil ! J'ai peine à concevoir
Le travers que j'ai pris fans m'en appercevoir.
Je connois , mais trop tard , l'excès de ma folie.
Pour fuivre vos confeils, pour vous plaire , Julie ,
J'ai terni , dans ce jour , ma réputation ;
J'ai tout facrifié , fortune, ami , patron ;
Et dans un tel malheur, ce qui me défefpere,
Je vais perdre l'eftime & l'amour de mon pere.
Je me poignarderois , après ce que j'ai fait ,
Et je cours me cacher de honte & de regret.

Fin du quatriéme Acte.

ACTE V.

SCENE PREMIERE.

JULIE *feule.*

Nos couplets font publics, ma joie eft incroya-
ble :
Ils font dans le Village un bruit épouvantable.
On les chante par-tout. Pour les chanter auffi ,
Je voudrois que Léandre à préfent fût ici.
Où peut-il être allé ? Mais que peut-il donc faire ?
J'entens rire quelqu'un. C'eft lui. Non, c'eft fon
frere.

SCENE II.

VALERE, JULIE.

VALERE, *éclattant de rire.*

AH! ah! Mon vieux faquin! ah! ah! mon vieux maraut!

JULIE.

Qu'eſt-ce?

VALERE.

Vient d'être...

JULIE.

Eh bien !

VALERE.

Ajuſté comme il faut.

JULIE,

Dulaurier ?

VALERE.

Oui , lui-même.

JULIE.

Ah ! j'en ſuis très-ravie.

VALERE.

C'eſt le plus grand plaiſir que j'aurai de ma vie.
Les gens de la Baronne ont ſur lui fait pleuvoir
Trente coups de bâton qu'il vient de recevoir.

JULIE,

La choſe eſt fort plaiſante !

VALERE.

E j'ai la joye extrême.
De l'avoir fait roffer, ne l'ayant pu moi-même.
Je l'ai laiffé la-bas, qui vous réjouiroit,
Par les difcours qu'il tient, les grimaces qu'il fait.
C'eft une chofe à voir que fa mine burlefque :
Non, Calot n'a jamais rien fait de fi grotefque.

JULIE.

Vous n'auriez pas, fans moi, compofé la chanfon.
Et vous m'avez, Monfieur, cette obligation.

VALERE.

De l'idée, il eft vrai, je vous fuis redevable ;
Ma foi je fouffrois trop d'être fi raifonnable.
La raifon eft un poids dont j'étois oppreffé.
Graces à vos bontés, j'en fuis débarraffé.
Que je fuis foulagé ! La folie eft mon centre ;
Et dans mon élément il eft tems que je rentre.

JULIE.

Ah ! dans le bon chemin vous remettez le pié ;
C'eft le moyen, Monfieur, d'avoir mon amitié.
Mais Dulaurier s'approche.

VALERE.

Il a l'oreille baffe.

JULIE.

Bon dieu ! qu'il vient de faire une laide grimace !

S C E N E   I I I.

VALERE, JULIE, DULAURIER.

DULAURIER.

AH ! je fuis tout brifé. J'ai peine à faire un pas.

VALERE.

Tant de gloire l'accable. Il en gémit tout bas.

JULIE, *à Dulaurier.*

Le deftin tôt ou tard couronne le mérite.
Vous voilà, pour le coup, je vous en félicite,
Auteur en bonne forme, & Poëte inftalé,
De vingt coups de bâton on vous.a regalé.
Il vous fuffit, Monfieur, de ces marques brillantes,
Vous n'avez pas befoin d'autres Lettres-Patentes.

VALERE.

Comme je dois, Monfieur, j'y prends part.

DULAURIER.

Finiffez.
Sans être plaifanté, morbleu ! je fouffre affez.
C'eft un indigne tour que l'on vient de me faire ;
Autant que de douleur j'en pleure de colere.
Ah ! voilà le malheur, dans ce fiécle maudit ,
De s'être fait un nom, & d'avoir trop d'efprit.
On vous charge d'abord des fottifes qu'un traître

Répond malignement fans fe faire connoître.

Vous avez beau crier, Meffieurs, les vers font plats ;

Ils ne font pas de moi; l'on ne vous en croit pas.

De l'ouvrage bâtard vous paffez pour le pere,

Et vous en recevez le douloureux falaire.

J U L I E.

Pour les défavouer, les vers font trop jolis.

V A L E R E.

Il eft doux de fe voir bâtonner à ce prix.

J U L I E.

C'eft un honneur qui rend votre gloire immortelle.

D U L A U R I E R.

Oh ! d'un pareil honneur, vraiment, Mademoifelle,

Je me ferois paffé. Mais, dans le fond du cœur,

J'en foupçonne, j'en fçais le véritable auteur.

V A L E R E.

C'eft vous-même, Monfieur, pourquoi vous, en
défendre ?

J U L I E.

Adieu. Pour les chanter, je vais chercher Léandre,

Attendant que je faffe imprimer la chanfon,

Avec vos qualités, Monfieur; & votre nom.

(Elle fort.)

V A L E R E.

Et moi j'en vais par-tout répandre des copies.

SCENE IV.

MÉLITE, DULAURIER.

MÉLITE.

QU'eſt ce donc que ceci ? Quelles étourderies !
Mais dans cette maiſon tout eſt bouleverſé !
Après l'affaire, après tout ce qui s'eſt paſſé,
Il paroît des couplets d'une inſolence extrême,
Où l'on prétend qu'Alcandre eſt maltraité lui-
    même ;
Et c'eſt vous, vieux coquin, vous qui les avez faits ?
A Léandre plutôt je le pardonnerois ;
On pourroit de ſon âge excuſer l'imprudence :
Mais un vieux domeſtique avoir cette impudence !
A plus de ſoixante ans, avec des cheveux gris !
Aux petites Maiſons vous devez être mis.
Cette punition eſt pour vous une grace,
Et vous méritiez d'être aſſommé ſur la place.

DULAURIER.

Ce n'eſt pas moi, Madame, & l'on m'accuſe à tort.
Faut-il vous faire ici le ſerment le plus fort ?
Que je ſois écraſé…

MÉLITE.

Taiſez-vous, miſérable,
Avec tous vos ſermens vous n'êtes pas croyable.

DULAURIER.

J'enrage. Encor un coup, il ne sont pas de moi.

Je puis en être cru, je suis de bonne foi.

Je n'ai jamais chanté que le Dieu de la Tonne,

Et je n'ai jamais fait de vers contre personne.

Madame, quoiqu'Auteur, j'ai de la probité,

Et même du bon sens, malgré la rareté.

J'abandonne l'esprit, je renonce au génie ;

Mais, vertubleu ! l'honneur m'est plus cher que la
     vie :

Je l'ai bien fait paroître, & dans tout son quartier,

Pour un très-honnête homme, on connoît Dulau-
     rier.

Si j'avois eu l'esprit méchant & satyrique,

De Monsieur Lisimon serois-je Domestique ?

M'eût-il, après vingt ans, fait une pension ?

Son fils me devroit-il son éducation ?

A mon âge sur-tout veut-on que je commence !..

Ah ! L'on verra dans peu briller mon innocence ;

Et je mettrois au feu cette main que voilà,

Que Valere est l'Auteur de cette chanson-là.

MÉLITE.

Cessez de m'étourdir de votre verbiage.

Sortez. Je ne veux pas vous ouir davantage.

DULAURIER.

Soit. Je sors ; mais jamais je ne me dédirai.

C'est Valere ou Léandre, & je le prouverai.

SCENE

SCENE V.

MÉLITE, CLOÉ.

CLOÉ.

MAdame, en un inftant, tout a changé de face ;
Devant fon protecteur Léandre a trouvé grace.
Il reconnoît fa faute, & pour mieux l'effacer,
Monfieur Reiter & lui viennent de s'embraffer ;
Il s'eft juftifié des couplets qu'on publie,
Et fa fortune enfin va fe voir rétablie.

MÉLITE.

J'apprens cette nouvelle avec raviffement.

CLOÉ.

J'en ferois comme vous charmée en ce moment,
Si, dans le même tems, je ne venois d'apprendre,
Qu'au lieu d'être touché du retour de Léandre,
Valere eft retombé dans fa premiere erreur,
Et qu'il eft des couplets le véritable Auteur.

MÉLITE.

Lui !

CLOÉ.

Par un fort fatal, l'évènement nous prouve
Que l'un perd la raifon quand l'autre la retrouve :
On ne les voit jamais fages en même tems.

MÉLITE.

Ils ne font en cela que fuivre leurs penchans :
La nature en nos cœurs eft toujours la plus forte ;
Et quoique nous faffions, fa pente nous emporte :
Nous revenons au point d'où nous étions partis,
Et l'art peut déguifer, non changer les efprits.

CLOÉ.

Ce qui m'irrite encor le plus contre Valere,
C'eft qu'il m'ofe, dit-on, mêler dans cette affaire ;
Non content d'avoir fait les couplets qu'il répend,
Et de s'en avouer l'Auteur préfentement,
Il me met de moitié dans fes démarches folles,
Et dit que j'ai fait l'air, s'il a fait les paroles.
Je fçais qu'il n'a lâché ce trait qu'en badinant ;
Mais le monde malin peut le prendre autrement.

MÉLITE.

Il a tort.

CLOÉ.

C'eft à moi qu'il faut que je m'en prenne,
Et c'eft moins, après tout, fa faute que la mienne.
Dès qu'une femme écoute un jeune homme amou-
reux,
On fçait qu'elle s'expofe à des retours fâcheux ;
Un ridicule fûr eft le prix de fon zèle,
Et les fautes qu'il fait rejailliffent fur elle.

MÉLITE.

Je conçois votre peine en cette occafion,

Ce qui fait à demi ma confolation,
C'eſt que Valere ſeul. . . .

C L O É.

Détrompez-vous, Madame,
S'il en eſt l'inſtrument, votre fille en eſt l'ame;
Et ſi-tôt qu'il s'agit d'inſulter la raiſon,
Elle marche à la tête, elle donne le ton.

M É L I T E.

Je m'en vais de ce pas m'informer de la choſe,
Et je la punirai du trouble qu'elle cauſe.

S C E N E VI.

C L O É ſeule.

Elle n'en fera rien, & je connois ſon cœur;
Elle ne tiendra pas contre un mot de douceur;
Mais ſa fille paroît, & j'apperçois Valere:
J'ai peine à contenir devant lui ma colere.

S C E N E VII.

CLOÉ, JULIE, VALERE.

C L O É.

Vos procedés, Monſieur, ſont tout-à-fait galans,

G ij

Et l'on m'a fait de vous des récits fort charmans ;
En jolis traits d'esprit, votre génie abonde ;
Vous me faites l'honneur de dire dans le monde,
Qu'avec vous de concert j'ai fait l'air des couplets,
Qui déchirent Alcandre & que vous avez faits.
Pour vous remercier je manque d'éloquence,
Et vous pouvez compter sur ma reconnoissance.

VALERE,

Tout ce que j'en ai dit étoit pour badiner,
Vous aurez la bonté de me le pardonner.

CLOÉ.

Non, Monsieur ; ces traits-là passent la raillerie.

JULIE, *à part.*

S'ils pouvoient se brouiller, que je serois ravie !

VALERE.

Je n'aurois jamais cru qu'un mot dit en passant,
Eût été pris par vous si sérieusement.

JULIE.

Au lieu de m'en fâcher je rirois de la chose.

CLOÉ.

Vous devez l'applaudir, vous en êtes la cause.

VALERE.

D'adoucir ce courroux n'est-il aucun moyen ?
Parlez, pour réussir que faut-il faire ?

CLOÉ.

                                     Rien.
Après de tels écarts, je n'ai qu'un mot à dire,
Et je prens le parti que la raison m'inspire ;

Vous voilà replongé dans votre égarement,
Je ne dois plus pour vous avoir d'attachement.
Mon cœur cesse d'aimer qui cesse d'être sage,
Et vous pouvez ailleurs adresser votre hommage,

JULIE, *bas à Valere.*

Je la prendrois au mot.

VALERE.

C'est un malheur pour moi,
Et je sens votre perte autant que je le dois ;
Mais mon esprit enfin ne convient pas au vôtre,
Et l'on doit pour s'aimer être fait l'un pour l'autre.

SCENE VIII.

LÉANDRE, VALERE, CLOÉ, JULIE.

LÉANDRE, *à Julie.*

J'Ai de ma faute enfin obtenu le pardon,
Et je suis éclairé de toute ma raison.
Revenu pour toujours des erreurs imprudentes
Où m'avoit engagé vos graces séduisantes,
Il ne manque plus rien à ma félicité,
Que de vous voir sensible à la même clarté.
Imitez-moi, suivez l'avis que je vous donne ;
Vous avez insulté Madame la Baronne,
Il faut aller chez elle, il faut vous excuser.

JULIE

Vous vous moquez de moi de me le propofer ?

LÉANDRE.

Vous la défarmerez par cette politeffe,
Je le fçais.

JULIE.

Je n'aurai jamais cette baffeffe.

LÉANDRE.

Pour calmer vos efprits, Madame vous dira...

JULIE.

Oh ! Madame dira tout ce qu'il lui plaira.

CLOÉ.

C'eft pourtant un confeil...

JULIE.

Que vous trouvez très-fage.

CLOÉ.

Oui.

JULIE,

Cela me fuffit pour n'en pas faire ufage.

LÉANDRE.

Mon exemple du moins devroit vous y porter.

JULIE.

Je me garderai bien, Monfieur de l'imiter.

LÉANDRE.

Gagnez cela fur vous.

JULIE.

Il ne m'eft pas poffible ;

Je fens pour cette femme une haine invincible,
La propofition me met feule en courroux.

LÉANDRE.

Mais . . .

JULIE.

Ne m'en parlez plus, ou je romps avec vous.

LÉANDRE.

Penſez-y.

JULIE.

Penſez-y vous-même.

LÉANDRE.

La prudence . . . ;

JULIE.

Oh! Puiſque vous pouſſez à bout ma patience,
Puiſque vous reprenez vos premieres façons,
Et que vous profitez ſi mal de mes leçons,
Je retire mon cœur, & je vous rends le vôtre :
Allez porter, Monſieur, vos chagrins à quelqu'autre.
Nous ne ſommes plus faits pour nous entretenir,
Et votre ſombre humeur ne peut me convenir.
J'aime un Amant qui ſçait & m'amuſer & rire,
Et non pas un cenſeur qui vient me contredire.

VALERE, à *Léandre.*

Nous voilà, pour le coup, congediés tous deux.
Si ces Dames vouloient, nous pourrions beaucoup
    mieux
Aſſortir nos humeurs, ſuivre la ſympathie ;
Je ſens déja voler tout mon cœur vers Julie,
Le Ciel nous a formés tous deux pour être unis.

JULIE.

Oui, vous avez raifon. Nous nous étions mépris.

(à Léandre & à Cloé.)

Liez auffi vos cœurs, la partie eft égale.

Vous pourrez faire enfemble un traité de morale.

LÉANDRE.

Vous prévenez mon choix, & ne pouviez, fur-tout,

Me donner un confeil qui fût plus de mon goût ;

La raifon, de vos fers, dégage enfin mon ame ;

(montrant Cloé.)

Elle tourne mes vœux du côté de Madame.

A force de fageffe, & de foins & d'ardeur,

Je prétens mériter fon eftime & fon cœur.

Heureux, fi du Public attirant l'indulgence,

J'effaçois tous les traits de mon impertinence,

Et que mon repentir, en ces mêmes momens,

Arrachât de fes mains des applaudiffemens.

Fin du cinquieme & dernier Acte.

LE BADINAGE,

BADINAGE,

COMÉDIE;

De Monfieur DE BOISSY,
de l'Académie Françoife.

Repréfentée pour la premiere fois par les
Comédiens François, le 23 Novembre
1735.

Nouvelle Edition, revue & corrigée.

Le prix eft de vingt-quatre fols.

A PARIS,
Chez N. B. DUCHESNE, Libraire, rue S. Jacques,
au-deffous de la Fontaine Saint Benoît,
au Temple du Goût.

M. DCC. LIX.
Avec Approbation & Privilége du Roi.

ACTEURS.

LE BADINAGE.

L'AUTOMNE.

L'INDULGENCE.

ANGELIQUE.

UN ACTEUR COMIQUE.

UN OFFICIER.

UN AUTEUR.

LE PARTERRE.

La Scene est sur le Théâtre de la Comédie Françoise.

LE
BADINAGE,
COMÉDIE.

SCENE PREMIERE.

L'AUTOMNE, UN ACTEUR COMIQUE.

L'AUTOMNE.

MOnſieur l'Acteur de Comédie,
Que votre mine eſt rembrunie!
On lit ſur votre front la triſteſſe, l'ennui ;
Et l'on vous prendroit, aujourd'hui,
Pour un Heros de Tragédie.
Vous me boudez, je croi ?

LE BADINAGE,

L'ACTEUR.

Ce n'eſt pas ſans raiſon,
Maudite ſoit votre ſaiſon,
Qui cauſe mon chagrin, cruel Dieu de l'Automne!
Elle nous a plus nui que les grandes chaleurs;
C'eſt peu de nous avoir privé de nos Acteurs,
Vous nous avez encor, vous & Bellone,
Enlevé tous nos Spectateurs.

L'AUTOMNE.

Voilà le tems qui les rappelle:
Après cette éclipſe, Meſſieurs,
La ſplendeur de vos jeux n'en ſera que plus belle,

L'ACTEUR.

Il faudra plus d'un jour pour nous bien rétablir
Du tort que nous a fait cette abſence mortelle,
Où nous n'avons fait que languir.
Heureux! ſi nous pouvions aujourd'hui la finir
Par une nouveauté, qui, marquant notre zele,
Pût inviter le monde à revenir,
Et qui donnât le tems à Melpoméne
De reparoître ſur la Scene,
Pour y faire parler ſes pompeuſes douleurs.
Heureux! qu'on ſe prêtât à nos efforts ſans peine,
Et qu'on voulût bien rire, en attendant les pleurs.

L'AUTOMNE.

Comment! Ce dernier jour d'abſence,
Vous comptez donner du nouveau?
Quelle favorable puiſſance
A fait ſi promptement les frais d'un tel cadeau?

L'ACTEUR.

Un Génie à la mode, & qui préside en France,
Nous a promis son assistance ;
Pour commencer, dans ce moment,
Nous n'attendons que sa présence.
Lui-même de la Piéce est le Héros charmant,
Le plaisir vôle sur ses traces,
Il est précédé par les Jeux ;
C'est un enfant des Ris adopté par les Graces ;
Et l'Amour en a fait son compagnon joyeux.
A l'enjouement ce Dieu joint la finesse :
Il raille sans aigreur, plaisante sans bassesse ;
Le Goût guide ses pas jusques dans ses écarts.
S'il franchit quelquefois l'exacte bienséance ;
L'Agrément qui le suit l'excuse à nos regards.
Mais ce qui nous le fait aimer par préférence,
Il posséde, Seigneur, la plus rare science,
C'est de plaire aux honnêtes gens,
Et de les faire rire à leurs propres dépens.
On le cherche en tous lieux, on le goûte à tout âge,
Et son nom seul a le pouvoir charmant
De dérider le front le plus sauvage.
A des traits si marqués vous devez, , sur le champ,
Reconnoître le Badinage.

L'AUTOMNE.

Oui. Je le reconnois vraiment.
Je l'ai vû folâtrer aux Vendanges nouvelles ;
Il en faisoit tout l'agrément.
Comme Zéphire il a des aîles.
Pour ce Dieu même à toute heure on le prend.

A iij

Comme lui, le follet voltige à tout moment.
Noble dans sa gaieté, brillant dans sa folie,
   Il semble fait pour votre Comédie.
     Je vous en fais mon compliment.
   S'il vient ici, vous aurez compagnie :
Mais puisqu'il faut parler avec sincérité,
    Je crains que le petit volage
    Ne vous fasse infidélité.
   On sçait qu'il est plus amusant que sage.
Près du Palais Royal je l'ai tantôt quitté.
C'est un quartier suspect.

L'ACTEUR.

       Eh ! Quoi ! Toujours le drôle
Vers ce Quartier maudit sera-t-il attiré ?
Ah ! Dans cet Opéra sans cesse il est fourré !
De venir au plûtôt acquitter sa parole,
Daignez donc le sommer, Seigneur, de notre part.

L'AUTOMNE.

    J'y vais employer tout mon art,
Et réparer par-là le tort qu'ont pû vous faire
  Tous les malheurs de ma Saison contraire.
            [*Il sort.*]

SCENE II.
L'INDULGENCE, L'ACTEUR.

L'INDULGENCE.

DE votre Comédie, & de vous, en ce jour,
Je suis, Monsieur, la très-humble servante,
Et je viens pour vos Jeux vous prouver mon amour.

L'ACTEUR.

Pour reconnoître ici cette marque obligeante,
Madame, je voudrois apprendre votre nom.

L'INDULGENCE.

Je suis une Déesse affable & bienfaisante,
Qui, pour vous, du Public, brigue l'affection.
Assidûment je fais ma résidence
Chez les Italiens qui m'implorent toujours.
Connoissant vos besoins pour couronner l'absence,
Je viens vous offrir mon secours,
Et je m'appelle l'Indulgence.

L'ACTEUR.

Ah ! Quel est mon ravissement !
Madame, dans ces lieux soyez la bien venue ;
Nous avons de votre aide un besoin très-pressant.
Pardonnez, si d'abord je vous ai méconnue ;
Nous vous voyons si rarement.

A iv

Pour toute notre Comédie
Recevez mon remerciment.
Puiſſiez-vous avec nous être toujours unie,
Et ne nous quitter de la vie.

L'INDULGENCE.

Ah ! Comme la néceſſité
Rend tendre dans l'adverſité !

L'ACTEUR.

Non. Ce n'eſt pas ma diſgrace préſente,
C'eſt le penchant que j'ai pour vous,
Et votre perſonne charmante
Qui font naître en mon cœur des ſentimens ſi doux.

L'INDULGENCE.

Ce n'eſt qu'un compliment, il ne vous coûte guere,
Soit par coutume, ou par précaution,
Vous en avez de prêts ſelon l'occaſion,
Et votre métier eſt d'en faire.
Quant à moi, connoiſſez quel eſt mon caractere.
Par le ſeul plaiſir d'obliger,
Je prête mon ſecours, quand il eſt néceſſaire,
Sans en attendre de ſalaire,
Et ſans jamais en exiger.
Pour ſignaler d'abord auprès de vous mon zele,
Je dois vous dire une bonne nouvelle;
Le Badinage ici va ſe rendre à l'inſtant.

L'ACTEUR.

Vous ranimez notre eſpérance.

L'INDULGENCE.

Je viens de lui parler dans le même moment,
Et par bonté je le devance;
Car pour être approuvé de tous,
Le Badinage a befoin d'Indulgence:
Je ne pouvois venir plus à propos chez vous.

L'ACTEUR.

Ah! Quel bonheur pour notre Comédie,
Si nous pouvions ce foir vous réunir tous deux!
Mais ce bonheur n'eft plus douteux.
Un bruit léger dont mon ame eft ravie,
Vient m'annoncer cet aimable Génie.
Je le vois; c'eft lui-même, & mes vœux font rem-
plis!

SCÉNE III.

LE BADINAGE, L'INDULGENCE, L'ACTEUR.

LE BADINAGE, à l'Acteur.

EH! bon foir, mon très-cher; point de mé-
lancolie.
Je viens tenir tout ce que j'ai promis.
(à l'Indulgence.)
Vous, touchez-là, ma bonne amie.
A mon afpect je prétends que tout rie.

Je veux d'abord , par un baiser ,
Vous égayer la phyſionomie.

L'INDULGENCE.

Arrêtez-vous , c'eſt trop oſer.
A ce Théâtre il faut plus de décence.

LE BADINAGE.

Vous moquez-vous? Votre préſence
A ces petits écarts ſemble m'autoriſer.

L'INDULGENCE.

Songez qu'il eſt un terme à notre complaiſance ;
Il ne faut pas en abuſer.

LE BADINAGE.

Franchir un peu la borne eſt ma grande ſcience.

L'ACTEUR.

Le Badinage ici doit être retenu ,
Il n'y peut être bien reçu ,
S'il n'obſerve toujours l'exacte bienſéance.

LE BADINAGE.

Mais vous n'y ſongez pas vraiment.
Vous voulez donc me mettre en eſclavage?
M'anéantir par conſéquent ;
Car ſans la liberté qui fait mon appanage,
Serviteur à mon enjouement ,
Et ſans la joie , adieu le Badinage.

L'ACTEUR.

Oui, mais fi l'on ne met un frein
A votre humeur trop libertine,
Crac, vous prenez l'eſſor foudain.

LE BADINAGE.

Mais le moyen que je badine,
Si l'on me charge auſſi d'un joug trop aſſommant!
Tout l'art conſiſte ſeulement
A me voiler légerement.
Car enfin plus la gaze eſt fine,
Plus ma beauté paroît, & plus j'ai d'agrément.

L'INDULGENCE, à l'Acteur.

Entre nous, ce diſcours eſt aſſez véritable.
Sur la Scene il ſuffit que l'élégance aimable
Prête ſon voile à ſes expreſſions,
Et que je donne un vernis favorable
A ſes plus folles actions.

L'ACTEUR.

Vous le gâtez par trop de complaiſance.

LE BADINAGE, à l'Indulgence.

Vous, faites bien de prendre ma défenfe.
Quand il arriveroit qu'aujourd'hui dans ce lieu
Nous nous échapperions un peu,
On doit nous le paſſer. Un dernier jour d'abfence,
Il eſt permis de s'égayer;
Et cela ne doit pas tirer à conféquence.

L'INDULGENCE.

N'importe ayez le geste un peu moins familier.

LE BADINAGE.

C'est un jeu de Théâtre.

L'ACTEUR.

Ou plutôt de foyer,
Suivez votre génie, & badinez sans cesse,
Mais badinez avec sagesse.
Le Public en tout tems veut être respecté,
Et l'air du Magazin, Seigneur, vous a gâté.

LE BADINAGE.

Sur le Théâtre où brillent les Actrices,
Eh ! bien, soit ; je me contraindrai ;
Mais à condition, qu'en sortant, je prendrai
Ma revanche dans les coulisses.
Passez-moi cet article, ou je m'envolerai.

L'INDULGENCE, à l'Acteur.

Que risquez-vous ?

L'ACTEUR.

Jamais je n'y consentirai,
Et la bienséance est contraire.....

LE BADINAGE.

Avec sa bienséance il me met en colère.
Je pars. Il fera beau lorsque je reviendrai.

L'ACTEUR.

Mais quoi! vos intérêts font fondés fur les nôtres.

LE BADINAGE.

Voilà pourquoi je prends de vous congé;
Car fi je renonçois au plus beau droit que j'ai,
Je m'ennuirois chez vous , & j'ennuirois les autres.

L'INDULGENCE, *au Badinage.*

Seigneur , arrêtez un moment.
[*à l'Acteur.*]
Il eft fi joli , fi charmant !
Paffez-lui quelque chofe en faveur de fa grace.

L'ACTEUR, *au Badinage.*

Vous le voulez abfolument ?
Eh ! bien , pour vous avoir, il n'eft rien qu'on ne
faffe.

LE BADINAGE.

Oh ! De me contenir c'eft le plus fûr moyen ;
Le naturel du Badinage
Eft d'être retenu quand on n'exige rien ,
Et de s'émanciper , dès qu'on veut qu'il foit fage.
La défenfe de foi porte au libertinage.
Mais c'eft trop rire à vos dépens.
Sortez d'erreur tous deux, il en eft tems.
Tel que vous me voyez paroître ,
Je fçais autant que vous refpecter les égards,
Et c'eft pour badiner que j'ai feint ces écarts.
Pour me faire d'abord connoître ,
Apprenez que nous fommes deux.

L'ACTEUR..

Quoi! Vous avez un frere?

LE BADINAGE.

         Oui, qui n'en vaut pas mieux ;
Pour être mon aîné. Le vice eſt ſon mérite.
C'eſt un mauvais ſujet, ſans mœurs & ſans conduite ;
      A l'intérêt il ſe livre toujours.
Les plaiſirs effrenés marchent tous à ſa ſuite.
L'équivoque le guide, & dictant ſes diſcours,
Fait rougir la pudeur & met le goût en fuite.
Tout vicieux qu'il eſt, il a pourtant du cours.
      Le plus grand nombre eſt ſon partage.
Je n'en ſuis pas ſurpris, puiſqu'il fut de tout tems
Le Dieu des libertins & des mauvais plaiſans.
Moi, je poſſede moins avec plus d'avantage ;
La bonne compagnie eſt mon ſeul appanage,
      Et je n'accorde mes préſens
Qu'aux femmes du grand monde, & qu'aux hon-
    nêtes gens.
Ainſi ne craignez plus qu'en ce lieu je m'échappe.

L'INDULGENCE, *à l'Acteur.*

Quand on le voit de près la différence frappe,
      Et mon erreur m'étonne fort.

L'ACTEUR.

Certain air de famille en lui trompe d'abord.

LE BADINAGE.

Il eſt vrai qu'abuſé par cette reſſemblance,

Le commun des mortels eſt ici bas d'accord,
Pour ne mettre entre nous aucune différence.
Mais d'être détrompé comme il mérite peu,
 Je le laiſſe dans l'ignorance,
 Et je m'en fais ſouvent un jeu.
 [*à l'Acteur.*]

Monſieur, pour vous, mon ame eſt très-ſurpriſe
Que vous ayez donné dans la même mépriſe,
 Et je croyois que Meſſieurs les Acteurs
 En badinage étoient plus connoiſſeurs.

L' A C T E U R.

 A tort ces choſes vous ſurprennent,
 Quand nous voyons que Meſſieurs les Auteurs
Eux-mêmes, comme nous, tous les jours s'y mé-
prennent.

L E B A D I N A G E, *à L'Acteur.*

Allez, laiſſez-moi ſeul recevoir mes amis.
 Et vous, Déeſſe ſecourable,
 Tandis qu'au Théâtre où je ſuis,
 Je vais tâcher de me rendre agréable,
Allez dans le Parterre adoucir les eſprits,
Et rendez par vos ſoins mon juge favorable.

SCENE IV.

LE BADINAGE, UN OFFICIER.

L'OFFICIER.

AH! Vous voilà, mon joli Badinage!
Je vous cherche par-tout avec empreſſement.
Comme je vais joindre mon Regimen t
Je compte qu'avec moi vous ferez le voyage.

LE BADINAGE.

Mon aimable Officier, vous êtes engageant ;
Mais quand vous le ſeriez mille fois davantage,
Je ne ſçaurois ſortir d'un lieu que je chéris.

L'OFFICIER.

Quoi! Vous abandonnez vos plus chers Favoris?
Songez-vous qu'aujourd'hui je quitte la Patrie,
Que vous verrez ce ſoir tous les plaiſirs partis,
Que j'emmene avec moi la bonne compagnie,
Que Paris n'eſt plus danſ Paris?

LE BADINAGE.

Où donc eſt-il ?

L'OFFICIER.

Il eſt . . . . . il eſt tout où je ſuis.
LE BADINAGE.

LE BADINAGE.

L'hyperbole eſt un peu hardie;
On vous prendroit à ce Jargon,
Pour un Capitaine Gaſcon.

L'OFFICIER.

Je parle pour tous mes confreres.
Je crois pouvoir avancer ſans fadeur,
Que pour l'agrément des manieres,
Tout autre corps nous eſt inférieur.
Qui peut vous tenir en balance?

LE BADINAGE.

Les trois quarts de l'Etat. Eh! durant mon abſence,
Que feroient les Abbés, la Robe, la Finance?
Que feroient pendant ce tems-là
La Comédie & l'Opera?

L'OFFICIER.

Le plaiſant ſoin qui vous travaille!
D'abord ce dernier nous ſuivra.
Quant au reſte, on laiſſera
Ici toute la pédantaille,
Et vous gagnerez à cela.

LE BADINAGE.

Non. J'y perdrois. Sans riſque à leurs dépens je raille.
Il n'en eſt pas, Monſieur, de même des combats.
La guerre eſt ſérieuſe; on ne badine pas
Avec le canon & la bombe;
Sous leurs coups le plus fort ſuccombe.

B

Un éclat vous emporte ou la tête ou le bras.
Cela n'eſt pas plaiſant. Je ne ſuis point vos pas.

L'OFFICIER.
Mais vous garderez le bagage.

LE BADINAGE.
C'eſt trop d'honneur. Le Dieu du Badinage
N'eſt pas fait pour groſſir le nombre des Goujats.

L'OFFICIER.
D'un tel refus vous me cachez la cauſe.
De grace à ce départ dites-moi qui s'oppoſe ?

SCENE V.

LE BADINAGE, L'OFFICIER, UN AUTEUR.

L'AUTEUR.
MOi, Monſieur, moi, qui viens pour l'arrêter.
Quand je reſte à Paris, il ne peut le quitter.
Je mérite moi ſeul de fixer ſon génie.

LE BADINAGE.
Qui donc êtes-vous, je vous prie ?

L'AUTEUR.
Un nouveau Phénomene, un prodige du tems,

Dont l'art raffemble, & dont l'efprit allie
Tous les contraftes différens ;
Qui joint le badinage à la philofophie,
L'enjouement aux leçons, les graces au bon fens,
Le jugement à la faillie ;
Un Auteur du bel air, un Poëte bien mis,
Qui repréfente en beau le corps des beaux efprits ;
Un Gafcon à fon aife, en dépit de l'envie,
Qui s'eft défait de l'accent du pays,
Et n'en a confervé rien que la modeftie.

LE BADINAGE.

Il y paroît fort au portrait
Que Monfieur nous fait de lui-même.
J'aurois tort de douter, après un pareil trait,
De cette modeftie extrême.

L'AUTEUR.

Elle égale pour vous mon inclination,
Et je viens vous offrir ma maifon & ma table.

L'OFFICIER.

La table d'un Auteur, & d'un Auteur Gafcon !
Seigneur, je crains pour vous une indigeftion.

L'AUTEUR.

Plaifanterie ufée, & fort peu raifonnable.

LE BADINAGE.

On ne vous fera pas un reproche femblable,
Votre offre eft toute neuve.

L'AUTEUR.

Elle eft fort de faifon.

Quand je jouis d'un bien confidérable,
Qui m'eſt venu d'une ſucceſſion.
Vous en riez tous deux, mais je me donne au diable,
Le fait eſt vrai, s'il n'eſt pas vraiſemblable,
Et je viens d'hériter de deux cent mille francs.
Quoi qu'il en ſoit, j'en fais un uſage agréable.
Un de mes plaiſirs les plus grands,
Eſt de les dépenſer en des ſoupers galans.
Préciſément ce ſoir j'en donne un très-aimable.
D'autant plus qu'il ſera ſecret & ſans façon;
Que la troupe choiſie en eſt des moins nombreuſes,
Nous ne ſommes que ſix, trois Auteurs de renom,
Et ſans quelques Dames joyeuſes,
Comme il n'eſt point de repas qui ſoit bon,
Entre nous j'ai prié de ce repas mignon.....

LE BADINAGE.

Qui donc, Monſieur?

L'AUTEUR.

Trois Actrices brillantes,
D'introducteur faiſant la fonction,
Vous conduirez chez-moi leurs perſonnes char-
mantes,
A petit bruit.

LE BADINAGE.

Noble commiſſion!

L'AUTEUR.

Mais vous marchez toujours de compagnie.
Vous ne pouvez, Badinage fripon,
Vous diſpenſer d'être de la partie.
Après ces Reines-là, l'on attend votre nom.

LE BADINAGE.
Vous vous méprenez.

L'AUTEUR.
Quoi ! vous n'êtes pas.... là....?

LE BADINAGE.
Non.
Je ne suis pas ce Badinage, enfant de la licence.

L'OFFICIER.
Je l'avouerai, trompé par l'apparence,
J'étois comme lui dans l'erreur.
Je vous croyois fils unique, Seigneur.

LE BADINAGE.
Je pardonne à votre ignorance,
Et le cas n'est pas surprenant.
Tous vos pareils ont en partage
Le véritable Badinage,
Sans le conoître bien souvent.

L'OFFICIER.
Nous en plaisons plus sûrement.

L'AUTEUR, à l'Officier.
Moi, j'ai sur vous cet avantage,
Que je connois ce Dieu charmant,
Et le posséde également.

LE BADINAGE.
Votre méprise qui m'offense
Ne prouve pas, dans ce moment,
B iij

Que je sois fort de votre connoissance.

L'AUTEUR.

C'étoit pour m'égayer, tout ce que j'en ai dit.
. Qui mieux que moi peut sçavoir qui vous êtes?
Le Badinage de l'esprit
Est le Dieu des Gascons & celui des Poëtes.
Pour vous forcer d'en convenir,
Seigneur, je vais vous définir.
Vous êtes en vers, comme en prose,
A saisir votre goût, & l'analyser bien,
Vous êtes l'art d'amuser sur un rien,
Et de prendre en passant la fleur de chaque chose.
C'est justement ce qui compose
L'essence du rimeur, & l'esprit du Gascon.
L'un voltige en Abeille, & l'autre en Papillon.
Votre espece & la leur sont de même nature.
Cet avantage m'est commun,
Et de-là j'ai lieu de conclure,
Que vous & moi ne faisons qu'un.
Monsieur doit vous ceder.

L'OFFICIER, *au Badinage.*

Qui? moi, que je vous cede?
Je crois sur vous avoir trop de crédit;
Mon droit.....

LE BADINAGE.

· Est bon, sans contredit.
Il n'a pas besoin que l'on plaide.
L'Auteur me définit, l'Officier me possede,

Et l'agrément chez moi l'emporte fur l'efprit.

L' A U T E U R.

Morbleu, vous vous moquez. N'ai-je pas l'un &
    l'autre,
Moi, de qui le génie eft fi conforme au vôtre ?

LE BADINAGE.

Nous fommes très-diftinⅽts, quoi que Monfieur ait
    dit.

L' A U T E U R.

Mais les graces, le goût & la délicateffe,
    La légereté, la fineffe,
L'ironie agréable, & les traits délicats,
    Les tours heureux, la fine raillerie,
    Et la bonne plàifanterie,
Qui font votre cortége, accompagnent mes pas.

LE BADINAGE.

Oui, quand vous écrivez, cette troupe choifie,
Dans votre cabinet guide votre genie,
    Et le remplit de fa vivacité ;
    Mais dans le monde elle vous quitte ;
    Vous y paroiffez tranfplanté.
Alors jufqu'à l'efprit tout prend chez vous la fuite.
L'amour propre, Monfieur, avec l'entêtement,
Eft le feul qui vous fuit par tout fidelement.

L' O F F I C I E R.

    A dire vrai, ce qui m'étonne,
De ces Auteurs fameux qu'admire tout Paris,

Je n'apperçoi dans leur perfonne
Nul de ces agrémens qui parent leurs écrits :
Brillans dans un ouvrage, & fots en compagnie,
Leur lecture ravit, & leur préfence ennuye,
Ils ont l'ame occupée, & l'air tout défœuvré.
L'expreffion ornée, & l'habit déchiré.

L'AUTEUR.

Des beaux efprits du tems, parlez mieux, je vous
      prie.
Vous êtes tous encor dans le vieux préjugé ;
Vous nous croyez pédans, mal-propres, fans ma-
      nieres,
Et pétris d'une pâte à nous particuliere ;
Tels que fur le Théâtre en un tableau chargé,
Nous a peint tant de fois plus d'un malin confrere.
Je prétends diffiper une erreur fi groffiere,
Et je viens en ces lieux dire au Public, tout haut,
Que la malpropreté n'eft plus notre défaut,
Et qu'on nous voit par-tout paroître avec décence.
Oui, Meffieurs, aujourd'hui l'on nous fait une offenfe;
     Vous êtes vous - mêmes abufés
       Par des Auteurs jaloux & fubalternes,
Dont la main infidelle & les crayons ufés
Défigurent le corps des Poëtes modernes
       Sous les ridicules couleurs,
Et les bizarres traits de leurs prédéceffeurs.
      Si par hazard trois dans la multitude,
Ont d'être en linge fale encore l'habitude,
      C'eft un trio d'Auteurs du tems paffé.
Il ne fait point exemple & doit être caffé.
      Préfentement pour les faire connoître ;

Si fur la fcene on met de beaux efprits,
Qu'on les y mette donc tels qu'on les voit paroître,
Polis dans leurs façons, galans dans leurs habits,
Rompus dans le grand monde autant qu'on puiffe
   l'être,
Copiant le Seigneur, frifant le petit Maître.
Le Parnaffe leur offre affez d'originaux.
   De tels portraits feront d'autant plus beaux,
   S'ils font touchés par une main de Maître,
   Qu'ils paroîtront reffemblans & nouveaux.
Je ferois fi charmé d'en voir un bien fidele,
Que fans aller plus loin je m'offre pour modele;
Je me livre en fpectacle avec tous mes défauts,
   Qu'on ne me tire point à faux,
Et je jure d'honneur, en pleine Comédie,
Moi-même de venir applaudir ma copie.

LE BADINAGE.

Vous n'applaudiriez pas le portrait, à coup fûr,
   S'il étoit fait d'après nature;
   Le coloris vous en paroîtroit dur.

L'OFFICIER.

Oui, monfieur, c'eft en vain qu'ornant votre figure,
   Vous affectez, fous un dehors trompeur,
   La politeffe de Seigneur.
Vous portez certain air qui trahit l'impofture;
Et malgré tout l'efpoir qui flatte votre erreur,
On voit toujours percer à travers la parure,
La mine du Poëte, & le coin de l'Auteur.

L'AUTEUR.

Nous avons les bons airs, en dépit de Monſieur,
La politeſſe en moi paroît ſi naturelle,
　　Que l'on m'a pris tantôt, à mes façons,
　　Pour un Colonel de Dragons.

L'OFFICIER.

Qui vous a fait, Monſieur, cette injure mortelle?

L'AUTEUR.

Quelqu'un qui s'y connoît.

LE BADINAGE.

　　　　C'eſt, ſans être indiſcret?

L'AUTEUR.

Un illuſtre du tems, un Poëte femelle.

L'OFFICIER.

A cette autorité je me rends tout-à-fait.

L'AUTEUR.

Ne croyez pas railler. Notre figure eſt telle,
Q'une femme de Cour s'y tromperoit comme elle.
Oui, Monſieur l'Officier, qui vous moquez de nous,
Nous vous le diſputons en fait de politeſſe;
Nous en avons, morbleu, d'une plus fine eſpece,
Et je dois remporter la victoire ſur vous.
La vôtre eſt mécanique, & n'eſt qu'une attitude
　　Où votre corps s'eſt façonné.

La nôtre, raifonnée, eft un fruit de l'étude,
 Et fille de l'efprit orné.
Si vous êtes polis, c'eft par fimple habitude,
 Sans nul principe, & comme par hafard;
Mais nous le fommes, nous, par raifon & par art.

  LE BADINAGE, *bas à l'Officier.*

 Leur politeffe méthodique
Eft dans la théorie, & non dans la pratique.

   L'AUTEUR.

 Sur notre démêlé préfent
 Que le Badinage décide,
Il eft fait pour juger d'un pareil différend.

   L'OFFICIER.

Volontiers.

   LE BADINAGE.

 Je vais donc.... Mais quelle aimable enfant
 Porte vers nous fa démarche timide?

SCENE VI.

LE BADINAGE, L'OFFICIER, L'AUTEUR, ANGELIQUE.

LE BADINAGE.

APprochez-vous , objet charmant,

ANGELIQUE.

Ah ! vous êtes en compagnie,
Je n'ofe ...

LE BADINAGE.

Venez donc , & n'appréhendez rien,

L'OFFICIER.

Craint-on de fe montrer quand on eft fi jolie ?

L'AUTEUR.

Accordez-nous , mignonne, un moment d'entretien

ANGELIQUE, *d'un air froid.*

Je ne puis.

L'OFFICIER.

Inftamment c'eft moi qui vous en prie,
Demeurez.

ANGELIQUE.

Je le voudrois bien.

Mais . . .

LE BADINAGE.

Mais expliquez-vous ; courage.

ANGELIQUE.

Mais je crains les caufeurs.
Que diroient ces efprits railleurs
D'une perfonne de mon âge ,
S'ils me voyoient feule avec deux Meffieurs ,
Ayant encor pour tiers le Badinage ?

LE BADINAGE.

Diffipez ces vaines frayeurs.
Le décorum ici préfide ,
Et l'on y craint plus qu'ailleurs
D'y choquer les regards du cenfeur trop rigide.
Apprenez qu'il n'eft point d'endroit,
Tout reveré , tout augufte qu'il foit ,
Où l'on fe tienne avec plus de fageffe ,
Qu'en ce lieu redoutable, où le moindre rien bleffe.

ANGELIQUE.

Je refte donc.

LE BADINAGE.

Vers moi quel fujet vous conduit ?

ANGELIQUE.

C'eft la vivacité qui fait mon caractere ;

J'aime à briller, & j'aime à plaire.
J'entre dans la faifon, car j'ai douze ans paſſés ;
Je ris de rien, je fuis follette ;
J'ai toujours eu du goût pour vous dès la bavette,
Aimable Badinage.

L'AUTEUR.

Hem ! C'eft en dire aſſez.

ANGELIQUE, *d'un air piqué.*

Monfieur, j'entends ce badinage
Qui n'eft que du reſſort purement de l'efprit,
Dont peut parler la fille la plus fage,
Et dont jamais la pudeur ne rougit.
Ainfi, point d'équivoque, elle me fait outrage.

LE BADINAGE.

A l'extrême jeuneſſe elle joint la raifon.
C'eft un exemple à fuivre.

[*à l'Auteur.*]

Voilà pour vous une leçon,
Et vous voyez l'effet de l'éducation.
Un enfant de quinze ans, Monfieur, vous montre
à vivre.
A mieux interpréter un mot dit en paſſant,
Que ce petit trait vous inftruife.
Rire d'une équivoque eft d'un mauvais plaifant.
Ce qui le plus excite ma furprife,
C'eft qu'un Auteur moderne, & qui fait le galant,
Commette une telle fottife.

L'AUTEUR.

Le badinage moralife !

LE BADINAGE.

Vos pareils femblent m'y forcer,
Sans com. ter que chez moi la morale eft de mife,
Et que j'ai le fecret de la faire paffer.
     [*à Angelique.*]
Pour vous, mon doux objet, reprenez la parole.
S'il eft vrai que pour moi vous ayez quelque amour,
Vous êtes bien payée aujourd'hui de retour.

ANGELIQUE.

Pour le mieux meriter, je viens à votre école.
Que j'apprenne de vous, Seigneur, dans ce moment,
     L'art de badiner joliment,
D'employer finement cette aimable ironie,
     Dont le fat feul doit redouter les traits,
     Et d'exercer dans une compagnie
     Cette innocente raillerie
     Qui réjouit fans offenfer jamais,
     Et qui fe voit hautement applaudie,
Même de ceux qu'elle prend pour objets,
     Puifque vous en êtes le maître,
     Faites enfin, par votre appui,
     Qu'en quelques lieux où je puiffe être,
Je fois fûre de plaire, & de chaffer l'ennui.

L'OFFICIER.

Eh ! Pour y réuffir vous n'avez qu'à paroître.
     Votre efprit, vos graces, vos traits,

Tout vous eſt garant du ſuccès.

ANGELIQUE, *à part.*

Qu'il eſt galant !

L'AUTEUR.

Oui, oui, ſans flatterie
Vous avez de l'eſprit, & vous êtes jolie.

ANGELIQUE.
[*à part.*]   [*au Badinage.*]
Ah ! Qu'il eſt fat ! Sans de plus longs délais,
Découvrez-moi tous vos ſecrets.

LE BADINAGE.

À vos deſirs il faut ſe rendre.
Puiſque vous le voulez, je vais ſans plus attendre,
Vous dévoiler ici ce que vous demandez,
Et que, ſans le ſçavoir, vous-même poſſédez.
Trois choſes font que je plais & je brille.
Le ton qu'on prend, le tems que l'on choiſit,
Et la façon dont on m'habille.
Voila tout l'art qui me met en crédit.
Par exemple, à la Comédie,
Le trait le plus brillant, ſi l'Acteur ne l'appuye,
Et ſi par le ton juſte il n'en rend la beauté,
Tombe en naiſſant, & n'eſt point écouté :
C'eſt le débit ſur-tout qui me donne la vie ;
S'il prend encor ſon tems mal-à-propos,
Quand le ſpectacle eſt agité de flots,
Et qu'on ſe mouche en chœur, que l'on crache, qu'on
crie,
Il s'époumone en vain ; il n'eſt point de ſaillie,

11

Il n'eſt point alors de bons mots,
Dont le Théâtre, ou le Parterre rie.
Du moment bien ſaiſi je dépens en partie.
Mais ce n'eſt point aſſez. C'eſt en vain par l'Acteur,
Que le ton eſt bien pris, & l'heure bien choiſie,
S'il n'eſt ſecondé par l'Auteur,
Et ſi l'expreſſion élégante & polie,
Ne couvre heureuſement chaque plaiſanterie.
On aime à deviner dans ce ſiécle d'eſprit ;
Que je paroiſſe à nud, le Public ſe récrie ;
Qu'on me voile avec art, alors il applaudit,
Et me fait grace en faveur de l'habit.
J'ai le même ſort dans le monde :
Le choix du tems, des mots, la grace du débit
M'y font goûter, ſans quoi chacun m'y fronde.

A N G E L I Q U E.

Ah ! ſi j'avois ces talens à la fois,
Je ſerois trop . . . . . .

L' A U T E U R, *l'interrompant.*

Moi, je les ai tous trois ;
Je parle bien, à propos, avec grace.
[*au Badinage.*]
Ainſi, ſans vanité, je crois,
Entre vos favoris mériter une place.

L' O F F I C I E R.

Par ce même diſcours vous en êtes exclu.
Il péche par l'habit ; chaque terme trop nu
Fait voir à découvert l'orgueil qui vous talonne.

C

Il vient mal-à-propos; car, fans aucun égard,
Il interrompt cette aimable perfonne :
Le débit n'en vaut rien, puifqu'à parler fans fard,
Vous avez pris un ton de confiance,
Qui féduit l'Auditeur bien moins qu'il ne l'offenfe.

LE BADINAGE.

Hem ! Qu'avez-vous à répondre à cela,
Monfieur le bel efprit, pour vous fi plein d'eftime?
Ces Meffieurs les Officiers-là
Tirent à bout portant, fans refpeſt pour la rime.

L'OFFICIER.

A ce tendron rempli d'appas,
Je pafferois encor cette faillie.

ANGELIQUE.

Je ne me la pafferois pas,
Elle feroit mal établie.

LE BADINAGE.

C'eft l'ordinaire de la vie :
L'objet que j'ai comblé de mes faveurs,
D'en douter a la modeftie;
Celui pour qui je n'ai que des rigueurs,
Croit feul poſféder mon génie.

[à Angélique.]

Je veux faire briller les talens féduſteurs
Dont en naiſſant mes mains vous ont ornée;
Voici l'occafion. Une difpute eft née
Entre ces deux Meffieurs fur l'air de leur état,

Chacun d'eux veut avoir la fine politeffe,
Ils m'ont pris pour vuider un point fi délicat,
Soyez pour moi Juge de leur débat.

ANGELIQUE.

Moi ! J'ai trop peu de goût & de fineffe,
Et mon âge.....

LE BADINAGE.

L'efprit fupplée à la jeuneffe,
Tous deux applaudiront.

L'OFFICIER & L'AUTEUR.

Inconteftablement.

LE BADINAGE.

Ce choix doit faire honneur à mon difcernement.
Et fur un fait de cette efpece,
On fçait que le beau fexe eft juge compétent.

ANGELIQUE.

Puifqu'il faut là-deffus dire ce que je penfe,
Voici quel eft mon fentiment.
L'Officier.....

L'AUTEUR, *l'interrompant.*

Ecoutons. Paix-là, Monfieur, filence.

ANGELIQUE, *reprend.*

L'Officier naturellement,
Eft galant & poli, fans vouloir le paroître.

C ij

L'Auteur qui s'étudie à l'être,
Y réuſſit plus difficilement :
L'un embellit le petit - Maître,
Et l'autre gâte l'Important.

LE BADINAGE.

Fort-bien. Je n'aurois pû décider autrement.

L'OFFICIER.

Il gâte l'Important ! J'ai pourtant gain de cauſe.
Une bouche charmante a décidé la choſe :
Quel comble de plaiſir ! C'eſt gagner doublement.

L'AUTEUR.

Déciſion de jeune fille,
Qui ſe laiſſe éblouir par l'oripeau qui brille ;
Et j'appelle au bon goût d'un pareil jugement.

ANGELIQUE, *avec vivacité.*

Je n'ai porté qu'en badinant,
L'arrét qui vous met en colere,
Et je n'écoute qu'en riant,
La réponſe, Monſieur, que vous venez de faire.
Peſter contre ſon Juge eſt un ſoulagement,
Qu'on permet au Plaideur quand il perd ſon affaire;
Et quoi que vous diſiez, tout m'eſt indifférent,
Vous n'aurez jamais le talent
De m'offenſer, ni de me plaire.

[*au Badinage, gracieuſement.*]

Adieu, Seigneur, je cours dans ces inſtans
Mettre à profit tous vos préſens,

Et pratiquer la fcience légere
D'épuifer les riens amufans.

[*en tirade.*]

Je vais éfleurer tout dans les cercles brillans,
Traiter la paix, faire la guerre,
Attaquer l'ennemi, le prendre prifonnier,
Faire éclater tout haut ma douleur peu commune,
Pour le départ de l'Officier ;
Et maudire tout bas la préfence importune,
Du jeune Robin familier,

[*en regardant l'Auteur.*]

Qui difpute à Monfieur, l'art de nous ennuyer :
Et pour me diffiper dans cette conjonéture,
Railler Monfieur l'Abbé, badiner fa figure,
Le confulter fur des ponpons ;
Et l'ayant établi juge de ma coëffure,
Faire imprimer dans le Mercure,
Ses Arrêts de toilette, & fes doutes profonds.

LE BADINAGE.

Adieu, ma belle enfant, votre efprit fait paroître
Trop de talent pour ne pas l'employer,
Continuez, & votre Maître
Sera bien-tôt votre Ecolier.

[*Angélique, fort.*]

S C E N E VII.

LE BADINAGE, L'OFFICIER, L'AUTEUR.

L'OFFICIER, *au Badinage.*

MOi, je pars, & je vais prendre congé des
  Dames ;
  Elles font à plaindre en ce jour,
Je vous les recommande. Attendant mon retour,
  Pour amufer ces pauvres femmes,
Par votre art, s'il fe peut, rendez l'Abbé moins fot,
Façonnez tous les gens de Palais & d'affaire,
Ne perdez pas de tems, il vous eft néceffaire :
Il vous faudra donner bien des coups de rabot.
  Je ferai revenu, je gage,
Que vous n'aurez pas fait un quart de votre ouvrage.
Adieu, j'entends déjà les inftrumens guerriers,
Animer du François la valeur naturelle,
  Je cours où la gloire m'appelle,
Et je vais fur fes pas me couvrir de lauriers.

LE BADINAGE.

Partez, vaillant Guerrier, fuivez un fi beau zele :
Hâtez votre départ pour hâter le retour :
Revenez plus brillant embellir notre Cour,
Revenez pour nous rendre une gaité nouvelle,

Et pour vous délaſſer en cet heureux ſéjour,
Des fatigues de Mars dans les bras de l'Amour:
Après la peine, après le péril redoutable,
Vous trouverez, auprès de nous,
Le Badinage plus aimable,
Le plaiſir plus piquant & le repos plus doux.

SCENE VIII,

LE BADINAGE, L'AUTEUR,

L'AUTEUR.

Pour moi la Paix eſt mon partage ;
Et quoique je demeure en ce lieu fortuné,
    Ne comptez plus ſur notre hommage,
    Je le deſtine à votre frere aîné ;
Et je cours de ce pas, mon petit Badinage,
    Lui donner ſur vous l'avantage,
    Il aura ſeul tout mon encens.
Je vais dans tout Paris par un ſanglant Ouvrage,
    Vous décrier en même tems ;
Je veux que dans trois jours il ſoit ſeul à la mode.
    Je le peindrai ſous des traits ſéduiſans,
Comme un Dieu ſans façons, agréable, commode,
Pere du bien facile & du plaiſir réel,
Digne que l'univers encenſe ſon autel :
    Et rendant vos défauts inſignes,
Je vous offrirai, vous, ſous des couleurs malignes,
    Comme un Dieu mince & freluquet :
Un petit précieux que le caprice guide,
Qui veut faire l'habile, & n'a que du caquet ;
Tout parle contre vous, & pour lui tout décide ;
Vous viſez au frivole, il va droit au ſolide :
    Vous êtes l'ombre, il eſt le corps,

Le bonheur qu'il procure eſt un bonheur palpable,
Vos faveurs ſont du vent, & n'ont qu'un vain dehors,
Il eſt la vérité, vous n'êtes que la fable.

LE BADINAGE.

Signalez vos talens par des projets ſi beaux,
Vous ne pouviez choiſir un plus digne Héros.
     Partez, allez chanter le vice,
La honte & le remord en ſeront le ſeul prix,
     Ils puniront votre injuſtice,
Et ſçauront me venger d'un indigne mépris.

L'AUTEUR.

D'un chimérique Dieu menace imaginaire!
Adieu. Tu vas ſentir les traits de ma colere ;
    C'eſt peu d'aller, de maiſon en maiſon,
    Verſer ſur toi mon dangéreux poiſon ;
Je vais dans les Caffés, je vais contre ta cauſe,
    Armer tous les partis divers,
    Et je cours, ſans faire de pauſe,
Au Fauxbourg Saint Germain te dénigrer en proſe,
Au-delà du Pont-neuf te déchirer en vers,
Auprès des Quinze-Vingts te fronder en muſique,
Et chanter contre toi plus d'un couplet cauſtique ;
Attaquer ta puiſſance, & combattre ton goût
Sur la Scene Françoiſe, au Théâtre lyrique ;
Et je veux que, preſſé de l'un à l'autre bout,
Tu doutes où je ſuis, & me trouves par tout.

SCENE IX, & derniere.

LE BADINAGE, LE PARTERRE.

LE PARTERRE, *à part.*

PEſte de la Muſique! Au diable le Poëme!
Payer quarante ſols un mal de tête extrême!

LE BADINAGE.

Quel eſt donc celui que je voi?
Son aſpect m'intimide, & je ſens de l'effroi.

LE PARTERRE, *à part.*

Je ſuis encore ému des flots & de l'orage,
Que je viens d'exciter dans mon juſte courroux.
Je cherche ici . . . .

LE BADINAGE.

Qui, Monſieur?

LE PARTERRE.

Vous.

N'êtes-vous pas le Badinage?

LE BADINAGE.

Oui, c'eſt moi.

LE PARTERRE.

Touchez-là : car je viens vous trouver,

Pour diffiper l'ennui qu'on m'a fait éprouver.
Déjà votre air fripon déride mon vifage.

LE BADINAGE.

Dites-moi quelles font vos qualités , Monfieur ?

LE PARTERRE.

Toutes. Je fuis Robin , je fuis Auteur,
Je fuis Abbé , je fuis homme d'Affaire,
Je fuis Muficien , & je fuis Médecin ,
Je fuis Marchand , & je fuis Moufquetaire,
Je fuis Normand , Gafcon.... Bref, je fuis tout
Enfin.
En ma perfonne je raffemble ,
Tous les Etats & les Païs enfemble.
Je décide de bout, mais fouverainement ,
Et l'on ne m'ennuya jamais impunément.
Ici je fuis fur-tout un Juge qu'on redoute.
Reconnoiffez ...

LE BADINAGE.

Qui ? Terminez mon doute.

LE PARTERRE, *en báillant*.

Reconnoiffez à ce bâillement-là ,
Le Parterre qui fort du nouvel Opéra.

LE BADINAGE.

Vous êtes le Parterre ! Ah ! mon Roi, mon cher
Maître !
Réuni dans un feul, comment vous reconnoître ?

Pardonnez mon erreur, & daignez être assis.

LE PARTERRE.

Non, ce n'est pas ma coutume.

LE BADINAGE.

Tant pis.

LE PARTERRE.

Je ne le fus jamais depuis qu'on m'a vu naître.

LE BADINAGE.

Pourtant si vous le pouviez être,
Vous seriez plus à l'aise, & nous, Seigneur, aussi.

LE PARTERRE.

Vous avez peur?

LE BADINAGE.

On voit trembler le plus hardi,
Quand il est devant vous obligé de paroître.

LE PARTERRE.

Vous êtes fait pour plaire, ainsi ne craignez rien.

LE BADINAGE.

Vous venez de voir Hippolite?
Seigneur, que votre esprit daigne éclairer le mien,
Quels sont vos sentimens?

LE PARTERRE.

Je ne le sçai pas bien;

J'en ai plusieurs , & tels qu'il les mérite ,
Tous justes dans le fond , mais qui ne sont pas clairs.
Il m'en inspire de divers ;
D'ennui , de haine , de colere ,
De mépris , de tristesse , & de compassion ,
Je ressens tout chez moi , hors l'admiration.
Dans tous mes jugemens , à moi-même contraire ,
J'en porte autant dans ma confusion ,
Que sous un seul bonnet je rassemble de têtes ;
Et leur nuage obscur excite des tempêtes ,
Cause dans mon cerveau tant de flus & reflus ,
Qu'ils se confondent tous , & que je n'y vois plus.

LE BADINAGE.

Dans ce conflit , aux Auteurs si terrible ,
Je vous trouve , Seigneur , presqu'incompréhensi-
ble.

LE PARTERRE.

Mais la nuit se dissipe , & je vois le Soleil ,
Il est tems par ma voix que la vérité sorte ;
Je viens d'assembler mon Conseil ;
Sur un Ouvrage de la sorte ,
Voici tous les Arrêts qu'il porte.

LE BADINAGE.

Qu'il va partir d'orages foudroyans !
Et de jugemens différens.

LE PARTERRE, *en Musicien.*

Je rends justice à la Musique ,
Elle est bien travaillée , elle a de grands morceaux.

Les accompagnemens & les chœurs en font beaux.
Mais par malheur elle eſt mélancolique,
Fatigue trop l'Orqueſtre ; & dans le même tems
Qu'il paroît qu'elle pique
Quinze ou vingt prétendus ſçavans ,
Elle ennuie à mourir plus de mille ignorans.
Les airs d'ailleurs, nouveaux dans leur eſpece,
Sont plus Tartares que François ;
On leur fait ici politeſſe ,
Comme a des gens qu'on voit pour la premiere fois.

LE BADINAGE.

C'eſt le Muſicien qui parle par ſa bouche.

LE PARTERRE, *en Auteur.*

Pour le Poëme, il m'effarouche,
On n'a jamais commis de tels larcins.
Piller effrontément, piller Phedre, Avilie :
C'eſt voler ſur les grands chemins.
On lui prend tout encor juſqu'au nom d'Aricie;
Mais que dis-je? C'eſt peu dans ces tems inhumains,
C'eſt peu qu'on la dépouille, O Ciel ! on l'eſtropie.
Un barbare, eh! le puis-je autrement appeller?
Lui briſe chaque membre ; & l'oſe décoller ,
Sans pitié , ſans égard aux loix de l'harmonie,
Change les plus beaux vers en des vers Viſigoths,
Et par un dernier trait de licence inouie ,
De tous les chœurs il fait des Matelots.
Et l'on ne venge point le bon ſens qu'il déſole ,
Ce Théâtre qu'il pille , & Racine qu'il vole !

LE BADINAGE.

Ah! Voilà du Public Auteur,
Le ton cauftique, & la mauvaife humeur.

LE PARTERRE, *contrefaifant l'Abbé.*

Sans m'échauffer les fens, moi, je fais mes remarques:
Je fronde les Enfers, & le Trio des Parques.
Outre que dans Ifis ils font pris tout du long,
Je ne fçaurois fouffrir les hommes en jupon,
    La mafcarade eft indécente & fotte:
Paffe pour mettre encor des femmes en culotte.
J'en trouve le coup d'œil amufant & fripon.
En tirant mon rabat, & braquant ma lorgnette,
J'ai le plaifir alors de juger du tendron,
Et de me récrier, qu'elle eft bien en garçon!
Non, je ne vis jamais de jambe fi bien faite,
    Ni de corfage fi mignon!
Ah! je la croquerois, tant fa taille eft parfaite!
Je n'y fçaurois tenir, fon petit air mutin
Merite qu'on la claque & reclaque foudain.

LE BADINAGE.

Oh! C'eft-là de l'Abbé le ton plein de molleffe.
Ce goût pour les tendrons nous marque fa foibleffe.

LE PARTERRE, *en petit-Maître.*

Le Poëme, en honneur, ne fçauroit fe payer.
Entre plufieurs endroits dont je fuis Chevalier,
Je trouve le retour de Thefée impayable.
    Dans le moment qu'on dit à ce Héros

Qu'il eſt deshonoré par ſon fils trop coupable ,
 Une troupe de Matelots ,
 Qui dans ſa Cour arrivent en batteaux ,
Viennent lui témoigner leur joie inexprimable
 Par des tambourins & des ſauts.
 On ne peut pas , où je me donne au diable ,
 On ne peut pas choiſir ſon tems plus à propos.
 Le coq-à-l'âne eſt admirable !

LE BADINAGE.

Voilà du petit-Maître & l'air & les propos.

LE PARTERRE, *en Robin.*

 Le Poëme en premiere inſtance
 A perdu ſon Procès tout net.
De le mettre à néant on a ſagement fait ,
 Et je confirme la Sentence.
En outre, non content du quart qu'on a ſouſtrait ,
Je condamne le tout par Arrêt authentique ;
Et j'enjoins, ſans délais, au Théâtre lyrique
 De ſupprimer à cet effet
  Les paroles tout-à-fait ,
 Et ne chanter que la Muſique.

LE BADINAGE.

On reconnoît la Robe à ce ton emphatique.

LE PARTERRE, *en Gaſcon.*

 Pour moi, jé mé rends toujours là ,
 Juſte à la fin de l'Opéra.
Pſt , lé gaillard avec ſa rédingote

Sé gliffe comme un bent coulis.
J'arribe à tems & j'efcamote
Lé roffignol chanté par un gofier exquis,
Abec les pas que fi bien nous tricote
L'aimable danfeufe qui faute
Prefqu'àuffi-bien qu'un homme du Pays.
J'enlebe ainfi lé plus beau du fpectacle,
Sans qu'il m'en coûte encor ni d'argent, ni d'ennui.
Hem! ne troubez-vous pas, ou jé meure aujourd'hui,
Qué lé garçon fait à miracle,
Et qu'on né peut agir plus fagément que lui?

LE BADINAGE.

On devine d'abord l'Auteur de cet oracle,
Et fans attendre ici que je nomme fon nom,
Chacun dit avant moi, c'eft le Public Gafcon.

LE PARTERRE, *en Commis fubalterne.*

Je fors fort-mécontent de cette Comédie.
Tout fupputé dans mon génie,
L'Opéra, ventrebleu, nous prend pour des zéros,
De nous tirer de nos Bureaux,
Pour nous donner femblable rapfodie,
J'ai la tête caffée, & l'oreille affourdie,
D'entendre fans raifon tonner à tout propos;
Et la Salle eft empuantie,
Par l'odeur des pétards qu'allument des nigauds,
D'un bras fort mal-à-droit, dans les vilains nafeaux
Du monftre que combat Aricie,
Et que Corneille a peint fi galamment,
Dans Alexandre, ou dans Iphigénie.

D

Je ne ſçai dans lequel des deux préciſément.
J'en ai fait la lecture, étant petit enfant.
    D'une peinture ſi jolie,
  J'ai retenu ces deux vers ſeulement.

Son front large eſt armé d'écailles jauniſſantes :
Tout ſon corps eſt couvert de cornes menaçantes.

LE BADINAGE.

  Oh ! du plus ruſtre des Commis
   Qui ſoient dans les aides blotis.
Voilà les *quiproquos*, & l'ignorance craſſe.

LE PARTERRE, *contrefaiſant l'Abbé.*

J'oubliois le meilleur. Un petit mot de grace.
Je reviens aux enfers. L'oracle qu'on y rend
    Me paroît d'un naïf frappant,

        [*s'interrompant en Marchand.*]

Et digne de riſée . . . . Et digne de riſée !
Songez, Monſieur l'Abbé, qu'il prédit à Theſée,
    Qu'il va trouver l'enfer chez lui.
Cette prédiction ſe trouve véritable :
En y trouvant ſa femme, il y trouve le diable.

    [*il rit en Abbé.*]

Cela ſent la boutique & ſon homme établi,
Hi, hi . . . .

    [*en Marchand, contrefaiſant l'Abbé.*]

   Hi, hi ! Pourquoi ricannez-vous ainſi ?
Vous trouveriez l'Oracle inconteſtable,

Si vous aviez un femme aujourd'hui.

[*en Abbé.*]

Monſieur le trafiquant, la vôtre eſt-elle aimable ?

[*en Gaſcon.*]

Abec tout lé reſpect qué jé dois au rabat ,
　　Bous abez tort, Mouſſu l'Abbat ,
Aux dépens du Marchand, dé faire l'agréable.
C'eſt dé tout l'Opéra l'endroit lé plus paſſable,
Cela fait Epigramme ou jé né ſuis qu'un fat.

[*en Auteur.*]

Ciel ! Peut-on ſoutenir un Oracle exécrable ?

[*en Petit-Maître.*]

　　Monſe l'Auteur , n'en ſoyez pas ſurpris,
Sans doute le Marchand fait crédit au Couſis.

[*en Commis.*]

　　Je n'en ſçais rien, Monſieur le Petit-Maître ,
　　Je ſuis toujours de leur avis.
L'Oracle eſt auſſi clair que trois & trois font ſix.

[*en Avocat.*]

C'eſt à moi de parler, que je faſſe ma charge ,
　　Place au barreau ; place, petit Commis.

[*en Gaſcon.*]

Mais, Mouſſu l'Abocat, bous m'écraſez , ſandis.
　　Botre éloquence m'eſt à charge.

LE BADINAGE.

Tous parlent à la fois.

D ij

LE PARTERRE, *en Avocat.*

La Cour veut être au large.

[*en Gascon.*]

Ellé casse l'Oracle : & lé lé rétablis.

[*en cohue.*]

J'attaque, je défends, je sisle, j'applaudis,
  Je proscris, je fais grace,
  Je m'obstine, je me dédis,
J'ajoute, je supprime. Et moi, je fais main-basse.

[*Il tousse, il crache, il se mouche.*]
    [*en fausset.*]

Paix, les moucheurs ; paix donc : l'endroit est des
  plus beaux.

[*en basse taille.*]

Il est des plus mauvais. Silence, les Courtauts.

LE BADINAGE.

Ah ! Seigneur ! Quel cahos ! Et quel désordre extrême !
Qui fait naître chez-vous ces contradictions ?

LE PARTERRE, *d'un air calme.*

Paix. Ce n'est rien. Je suis en prise avec moi-même.
Nous avons tous les jours ces altercations.
Je vais les appaiser sans tarder davantage.
Je n'ai fait éclater ce choc d'opinions,
Que pour faire briller avec-plus d'avantage,
  Mes dernieres décisions ;

Tel que l'aſtre du jour, qui fait, après l'orage,
Avec plus de ſplendeur, paroître ſes rayons.

LE BADINAGE.

Le calme eſt revenu, Que dira-t-il? Voyons.

LE PARTERRE, *en Public indulgent*.

Juge ſans paſſion, indulgent ſans foibleſſe,
Au ſpectacle toujours je cherche le plaiſir.
Je ne ſiffle jamais ni l'Acteur, ni la Piéce:
Et ſi je fais du bruit, c'eſt pour les applaudir,
Toujours porté vers la Clémence,
Je ſçai borner mon éloquence,
A ſaiſir & louer les endroits les plus beaux,
Et ce n'eſt que par mon ſilence,
Que je critique les défauts.
On a remis Iſſé, ma joye en eſt extrême,
J'éprouve l'embarras charmant
De ne ſçavoir à tout moment
Qui je dois approuver le plus, ou le Poëme,
Ou la Muſique, ou l'Actrice que j'aime.

LE BADINAGE.

Il ne ſiffle jamais la Piéce, ni l'Acteur!
Ah! de tous les Publics c'eſt pour nous le meilleur.
La bonne pâte de Parterre!
Vers lui toujours mon goût me portera,
Et je m'en tiens à celui-là.
Pour nous prouver votre humeur débonnaire,
Faites, Seigneur, un accord avec nous.

LE PARTERRE.

Et quel accord ?

LE BADINAGE.

Ayez pour cette Comédie,
Cette indulgence extrême, & cet efprit fi doux,
Que vous avez pour celle d'Italie.
Notre foibleffe égale leur befoin.
Et nous vous promettons de redoubler de foin ,
Et de la furpaffer en ardeur de vous plaire.
Le Badinage eft François comme vous :
Que cette gloire, & fi grande, & fi chere,
Vous porte, en depit des jaloux ,
A faire autant pour lui que pour une Etrangere.

LE PARTERRE.

Pour vous je fuis prêt à tout faire ;
Mais à condition que pendant ce tems-là ,
Toujours le Badinage ici m'amufera.

LE BADINAGE.

Cela dépend . . . . . .

LE PARTERRE.

De qui ?

LE BADINAGE.

Mais de votre préfence.
Chaque fois qu'on l'affichera ,
Venez le voir en affluence ,

Et jamais il n'y manquera :
Mais foyez bien exact à lui rendre vifite,
Car fi vous y manquez deux ou trois jours de fuite,
Vous ne le verrez plus; crac, il difparoîtra.

LE PARTERRE.

J'y viendrai donc. Je me prête à l'abfence.
Pour figne de paix maintenant,
Recevez cet embraffement.

[*Il embraffe le Badinage.*]

Mon frere qui dit *bis*, je penfe,
Ne feroit pas fâché d'en avoir fait autant.
A propos de ce frere, il eft bon, & pour caufe,
Qu'il donne les mains à la chofe :
Car je ne fuis que fon petit cadet.
Il a fur nous un afcendant parfait :
Ma volonté toujours eft de faire la fienne.
Si vous voulez que la paix tienne,
Dites-lui qu'il ait la bonté
D'approuver à préfent lui-même le traité.

[*Il fort.*]

LE BADINAGE, *au vrai Parterre.*

Meffieurs, du bon Public prenez le caractere.
Vous gagnerez vous-même à paroître indulgens.
En nous ôtant la crainte, aux Acteurs fi contraire,
Vous augmenterez nos talens,
Et vos plaifirs en même tems.
Que notre état vous touche & vous engage
A foufcrire ce foir à l'accord propofé :

Vous plaire eſt pour nous tous un difficile ouvrage:
Nous excuſer vous eſt aiſé.
Faites donc grace au Badinage:
Qu'il obtienne votre ſuffrage.
Faire notre bonheur ne dépend que de vous.

[*d'un ton tragique.*]

Seigneur , dites un mot , & vous nous ſauvez tous.

FIN.

LES

DEUX NIÉCES,

COMÉDIE.

EN CINQ ACTES ET EN VERS,

De Monsieur de BOISSY,
de l'Académie Françoise;

Repréfentée , pour la premiere fois , par les
Comédiens François, le 17 Janvier 1737.

Tome II.   **M**

ACTEURS.

LE COMMANDEUR, Oncle de la Marquife & de Lucile.

LA MARQUISE, veuve, Amante du Chevalier.

LUCILE, Amante du Baron.

LE BARON, Amant de Lucile.

LE CHEVALIER.

FINETTE, Suivante de la Marquife.

LA FLEUR, Valet du Chevalier.

La Scene eft à Paris dans le Salon de la Maifon du Commandeur.

LES
DEUX NIÉCES,
COMÉDIE.

ACTE I.

SCENE PREMIERE.

LA FLEUR, FINETTE,

LA FLEUR.

U I, charmante Finette, après trois
ans d'abſence,
Pour revoir tes appas, la Fleur revient
en France.
Le Chevalier, qui fait ſa cour ici ſoûvent,
M'a, pour ſon Ecuyer, repris en arrivant.

                                                    M ij

'Ma foi, vive Paris ; il n'eſt rien qui l'égale ;
Je ſuis né pour ſervir dans cette Capitale ;
Le mérite y paroît avantageuſement,
Et des Valets heureux c'eſt le ſéjour charmant.

FINETTE.

Ah! depuis ton départ tout a changé de face.

LA FLEUR.

Comment donc?

FINETTE.

Nos pareils y ſont dans la diſgrace.
Un inſtant a détruit ton pouvoir & le mien ;
Notre regne eſt paſſé, nous ne ſommes plus rien :
Le grand monde eſt pour nous plein d'un mépris
       extrême,
Et chacun y conduit ſon intrigue ſoi-même.
Notre eſprit n'a plus lieu d'exercer ſon talent ;
Et l'amour aujourd'hui ſe fait ſans confident.
Paris voit dans ſon ſein regner des mœurs nouvelles.

LA FLEUR.

Ah! les Dames ſans doute y deviennent cruelles?

FINETTE.

Non ; mon ſexe toujours eſt rempli de douceur ;
Mais il a plus d'adreſſe avec le même cœur.
Dès l'âge de quinze ans une fille eſt ſçavante,
Et par rafinement la mere eſt indulgente.
Les époux ſont d'accord de vivre en liberté ;
Notre crédit par-là tombe de tout côté.

Nos Maîtres avec nous craignent de se commettre,
Et notre emploi se borne à porter une lettre.
On abrege d'ailleurs le cérémonial ,
Et filer une intrigue a l'air provincial.
On court au dénouement avec impatience ;
On n'eſt plus attentif qu'à ſauver l'apparence.
Comme on craint les yeux ſeuls du Public délicat ,
On forme un nœud ſans peine , on le rompt ſans
       éclat ;
Et ſçache qu'on n'a vu jamais regner en France
Moins de fidélité , ni plus de bienſéance.

LA FLEUR.

Tu me parles, Finette, un jargon inconnu ;
Par cette bienſéance , entre nous , qu'entends-tu ?

FINETTE.

C'eſt un maſque trompeur, dont , au ſiécle où nous
      ſommes,
Se parent avec art les femmes & les hommes ;
Qui , faſcinant les yeux de l'Univers déçu,
Donne au vice les droits & l'air de la vertu ;
Fait reſpecter par-tout l'impoſture parée,
Et fuir la probité qui n'eſt point décorée.

LA FLEUR.

Le ſiécle eſt hypocrite ! Ah ! nous ſommes perdus !
Et pour le corriger les ſoins ſont ſuperflus.

FINETTE.

Oui ; la corruption au comble eſt arrivée ;

M iij

La coquette en public, modeste & réservée,
De la pudeur exacte arbore le drapeau,
Et nos jeunes Seigneurs ne boivent que de l'eau.

LA FLEUR.

Ah! si donc! quelle horreur! vraiment, quand le
vin tombe,
Je ne m'étonne plus que la vertu succombe.
Pere de la franchise & de la vérité,
Le moyen que sans toi l'on ait de l'équité.
Ton pouvoir rend lui seul les cœurs droits & sinceres;
Et je suis sûr que l'eau fit les premiers faussaires.

FINETTE.

L'apostrophe est vraiment d'un buveur déclaré,

LA FLEUR.

Que Paris à mes yeux paroît défiguré!

FINETTE.

Aujourd'hui la Décence en est la Souveraine,
Et dans cette maison elle commande en Reine.

LA FLEUR.

Quoi! chez le Commandeur! Au joug des vains
dehors
Se peut-il que son ame ait pu plier son corps?

FINETTE

Non; pour l'extérieur il est toujours le même;
Mais son cœur est conduit par sa niéce qu'il aime.

LA FLEUR.

J'entends. Lucile a l'art de tourner son esprit.

FINETTE.

Tu te trompes, la Fleur : elle n'a nul crédit ;
Et, s'il eſt gouverné, c'eſt par ſon autre niéce.

LA FLEUR.

La Marquiſe ?

FINETTE.

Elle ſeule eſt ici la maîtreſſe.

LA FLEUR.

Dis-moi, par ſon veuvage, étant libre aujourd'hui,
Qui peut l'avoir portée à revenir chez lui ?

FINETTE.

Faut-il le demander ? la Décence maudite,
Qui contraint ſa jeuneſſe, & force ſa conduite.
C'eſt peu que tous ſes goûts lui ſoient ſacrifiés,
Nous-mêmes à ſon joug elle nous tient liés.
C'eſt des égards gênans le pouvoir tyrannique,
Qui de ſa confiance exclut ſon domeſtique.
Les dehors ſur ſon ame ont un droit ſi puiſſant,
Que pour entrer chez elle il faut un air décent.
C'eſt le mot favori que toujours elle emploie,
Et, ſans ce paſſeport, Madame vous renvoie.
Le pis, eſt à ſes yeux, d'agir ignoblement,
Et l'on doit s'obſerver très-ſcrupuleuſement.
Il faut être toujours dans une gêne horrible,
Et garder, qui plus eſt, un ſilence pénible.

LA FLEUR.

Je te plains.

FINETTE.

Je m'en prends à l'uſage cruel ;

M iv

Car elle tient des cieux le plus beau naturel :
Son cœur est généreux, & sa main libérale,
Son caractère est doux, & son humeur égale;
Mais le monde & ses loix, qui maîtrisent son cœur,
A s'armer de fierté contraignent sa douceur.
L'exemple la gouverne, & son pouvoir nous prive
Des fruits de sa bonté, qu'il tient toujours captive.
C'est ainsi qu'altérant ses bonnes qualités,
Il change les vertus en défauts empruntés ;
Et qu'un abus fatal, dont la raison murmure,
Défigure à nos yeux les dons de la nature.

LA FLEUR.
Mais étant tous les deux si différens d'humeur,
Comment peut-elle vivre avec le Commandeur ?

FINETTE.
Quoique leur caractere en rien ne se ressemble,
Il n'est pas étonnant qu'ils s'accordent ensemble.
Avec un ton grondeur, sous un brusque maintien,
Il est la bonté même, & ne refuse rien.
La Marquise, sous l'air d'une humble déférence,
Le plie, avec respect, à tout ce qu'elle pense.
D'autant plus sûrement on la voit gouverner,
Que c'est par la douceur qu'elle a l'art de régner.
En se disant le maître, il obéit sans cesse ;
Et, paroissant soumise, elle est toujours maîtresse.

LA FLEUR.
Moi, j'adore cet oncle avec son air bourru.

FINETTE.

Son empire eſt ſur lui tellement abſolu,
Qu'elle a vaincu l'effort de ſon antipathie,
Juſqu'à lui faire voir la bonne compagnie,
Et goûter, qui plus eſt, l'eſprit du Chevalier,
Qui toujours avoit eu le don de l'ennuyer.

LA FLEUR.

Mon maître l'ennuyer ! Lui qui plaît à la Ville!
Lui qui charme la Cour! Son goût eſt difficile.
Quand j'ai quitté Paris, il étoit bien tourné :
Mais depuis ce tems-là ſon eſprit s'eſt orné.

FINETTE.

Un beau dehors en lui cache bien des folies ;
Il a même, entre nous, deux grandes maladies.

LA FLEUR.

Tu m'étonnes. Quel eſt le double mal qu'il a?

FINETTE.

L'un prend ſa ſource ici, l'autre réſide là.
Le premier eſt tranſport; le ſecond, frénéſie :
En un mot, c'eſt l'amour avec la poëſie.

LA FLEUR, à part.

Le Chevalier déjà m'a découvert ſes feux ;
Mais faiſons l'ignorant pour mieux ſervir ſes vœux
(haut.)
Cette ſévérité me paroît ſurprenante.
Quoi ! Madame Finette eſt-elle auſſi décente ?
Rimer, être amoureux, ſont-ce là des travers?
Mon maître a de l'eſprit, il peut faire des vers.

S'il aime, fa maîtreffe eft fans doute parfaite.
Mais j'ignorois ce point , je l'apprends de Finette.
Il ne m'a pas encor confié fon fecret ,
Et je fuis étonné de le voir fi difcret.
Son choix ne peut tomber que fur l'une des niéces,
Et mon efprit balance entre tes deux maîtreffes.

FINETTE.

Je n'en reconnois qu'une à qui tout obéit ;
C'eft la feule Marquife , & l'on t'a mal inftruit :
Tout lui rend en ces lieux un hommage fincere ;
Et fi le Chevalier s'empreffe & cherche à plaire ,
C'eft elle à qui fes vœux doivent tous s'adreffer.
Peut-il un feul moment entre elles balancer ?
La Marquife peut tout, elle eft riche , elle eft belle.
Lucile eft fans fortune , & fléchit devant elle :
Auprès du Commandeur, qui l'a prife chez lui ,
Sa coufine elle-même eft fon premier appui.
L'une eft une orpheline , & qui vit ifolée;
Toute l'autorité dans l'autre eft raffemblée.
Le pouvoir de fon oncle eft dépendant du fien ;
Elle eft tout, en un mot; & Lucile n'eft rien.

LA FLEUR.

Je plains cette derniere : es-tu fa confidente ?

FINETTE.

Non; pour m'ouvrir fon cœur elle eft trop défiante.
Par égard la Marquife eft réfervée en tout;
Mais l'autre eft politique; & fe cache par goût.

LA FLEUR.

Elle est cachée?

FINETTE.

Au point qu'elle est inconcevable;
Son cœur est une énigme, il est inexplicable;
Elle a du goût pour tout, & ne s'attache à rien;
Son esprit fait d'abord aimer son entretien;
Mais quelqu'art qu'on employe, & quoi qu'on
        puisse dire,
Au fond de sa pensée on ne peut jamais lire:
Nul mouvement marqué ne montre son humeur;
C'est un caméléon qui prend votre couleur.
Sans se développer son ame se replie,
Et dérobe sa marche à l'œil qui l'étudie.
Son esprit se déploie & brille en ses discours;
Mais son cœur ne dit mot, & se voile toujours.
L'un est un jour sérein, sans nuage & sans ombre;
L'autre est l'image au vrai de la nuit la plus sombre.
C'est le chef-d'œuvre enfin de la réflexion;
Tout est lumiere en elle, & rien n'est passion.

LA FLEUR.

C'est elle qui devroit, avec tant de finesse,
Mener le Commandeur plutôt que ta maîtresse.

FINETTE.

On se laisse conduire à l'air de bonne foi;
Mais on craint l'ascendant d'un plus adroit que soi.
Avec le Commandeur la Marquise s'avance;

Retire-toi, la Fleur ; va, fors en diligence.
LA FLEUR.
Pourquoi donc me chaffer ?
FINETTE.
Par un motif preffant.
Fuis au plus vîte, fuis ; tu n'as pas l'air décent.
LA FLEUR.
Un compliment pareil me fait quitter la place ;
La pudeur fouffre trop, quand il eft dit en face.

SCENE II.

**LE COMMANDEUR, LA MARQUISE,
FINETTE.**

LE COMMANDEUR.

JE fuis, je fuis faifi d'un violent courroux.
LA MARQUISE.
Mais contre qui, Monfieur ? répondez.
LE COMMANDEUR.
Contre vous.
LA MARQUISE.
Contre moi ! ce difcours a lieu de me furprendre.
LE COMMANDEUR.
Je fors d'une maifon, où l'on vient de m'apprendre...
LA MARQUISE,
Mon Oncle, expliquez-vous. Que vous a-t on appris ?

LE COMMANDEUR.

Des chofes dont pour vous moi-même je rougis,

LA MARQUISE.

La chofe eft donc bien grave?

LE COMMANDEUR.

Oh! tout des plus, Madame.

LA MARQUISE.

Mais daignez employer, pour convaincre mon ame,
La force des raifons plutôt que de la voix.

LE COMMANDEUR.

Je ne puis trop crier, quand j'apprends, quand je vois,
Qu'avec le Chevalier vous prenez, dans le monde,
Un travers qui m'étonne, & que le bon fens fronde.
Il faut, pour mettre fin à tous les fots difcours,
Il faut que vous rompiez avec lui pour toujours.

LA MARQUISE.

En quoi le Chevalier eft-il donc condamnable?
Et moi-même, Monfieur, de quoi fuis-je coupable?

LE COMMANDEUR.

Vous avez tort tous deux; lui, de faire courir
Une Ode à votre gloire; & vous, de le fouffrir.

LA MARQUISE.

Pourquoi donc le blâmer, quand il fait mon éloge?

LE COMMANDEUR,

Parce qu'un Chevalier qui fait des vers, déroge.

LA MARQUISE.

Ah! Mon oncle, jamais le talent n'avilit.
Il n'appartient qu'aux fots de rougir de l'efprit;

Et cette qualité, loin d'être humiliante,
Ajoûte à la nobleſſe, & la rend plus brillante.

LE COMMANDEUR.

C'eſt l'affaire, après tout, de ce beau Chevalier,
Il peut impunément barbouiller le papier,
Je m'en lave les mains ; mais ce qui me chagrine,
Des écrits qu'il répand, vous êtes l'héroïne.
Il vous adreſſe encor un poëme galant;
C'eſt faire contre vous un libelle ſanglant.
Et vous, de l'approuver vous avez l'imprudence!
Mais dans quel tems encor, dans quelle circonſ-
      tance?
Au moment que je veux vous unir au Baron,
Et rehauſſer par-là l'éclat de ma maiſon.
Le bruit que fait par-tout ce ridicule ouvrage,
Suffit pour faire rompre un ſi grand mariage.
Vous jouez à vous perdre, & pour de méchans
      vers.
Pouvez-vous bien donner dans un pareil travers ?
Vous, qui dans vos façons toujours ſimétriſées,
Soumettez aux égards vos actions toiſées.

LA MARQUISE.

Les vers du Chevalier ne les bleſſent en rien ;
S'ils ſont interprétés, ils doivent l'être en bien.

LE COMMANDEUR.

C'eſt-là ce qui vous trompe, & ſes rimes mal priſes,
De vous, ouvertement, font dire cent ſottiſes.

LA MARQUISE.

Cent fottifes de moi ! Quel horrible propos !
Pouvez-vous feulement proférer de tels mots ?

LE COMMANDEUR.

Eh bien ! on fait de vous d'effroyables critiques.

LA MARQUISE.

Mais parlez donc moins haut devant des domefti-
ques.

LE COMMANDEUR.

Il eft bien queftion de faire le difcret,
Et de dire tout bas ce que tout Paris fait !

LA MARQUISE.

Tout Paris !

LE COMMANDEUR.

A ce mot, vous êtes allarmée;
Car vous craignez fur-tout d'être par lui blâmée.

LA MARQUISE.

Que je fuis malheureufe ! On a beau s'obferver ,
Des traits de la critique on ne peut fe fauver.
Mais que dit-il ?

LE COMMANDEUR.

Il dit que , dans cette occurrence ;
Vous obfervez fort mal l'exacte bienféance
Que vous citez fans ceffe , & dont vous vous pa rez.

LA MARQUISE.

D'une vive douleur mes fens font pénétrés.

LE COMMANDEUR.

Du jour enfin, du jour vous devenez l'hiftoire.

LA MARQUISE.

Moi, l'hiftoire du jour! Non, je ne le puis croire:
Ce font-là des difcours que vous vous figurez.
Paris ne les tient point, ou bien vous les outrez.

LE COMMANDEUR.

Je les outre fi peu, qu'hier, chez la Comteffe,
On rioit de vous voir érigée en Déeffe.

LA MARQUISE.

C'eft ma grande ennemie.

LE COMMANDEUR.

    A la fœur d'Apollon,
Ce Poëte nouveau vous compare, dit-on.
Vous en avez le port, la taille, & la décence.
Il fait, entre elle & vous, voir tant de reffemblance,
Que, par-tout de Diane, on vous donne le nom,
Et qu'on l'appelle, lui, le bel Endimion.

LA MARQUISE.

Quelle horreur!

LE COMMANDEUR.

    La Comteffe, en maligne interprète,
Fait entendre tout bas qu'une intrigue fecrette,
Qu'un amour clandeftin pour ce berger aimé,
Sous cette allégorie, eft peut-être exprimé.

LA MARQUISE.

Comment! Mes ennemis ont eu le front de faire
Hautement, devant vous, cet affreux commentaire!
Et vous, qui de mon cœur devez être certain,
Vous n'avez pas, Monfieur, pris ma défenfe en
  main!

        Connoiffant

Connoiffant leur noirceur, sûr de mon innocence,
Quoi! ne deviez-vous pas leur impofer filence?

LE COMMANDEUR.

Je l'ai voulu d'abord ; mais ils m'en ont tant dit,
Qu'ils ont, malgré moi-même, entraîné mon efprit.

LA MARQUISE.

Mon oncle, un feul moment, devoit-ils les en
    croire?
Mais c'eft peu de fouffrir qu'ils attaquent ma gloire,
Qu'ils ofent déchirer ma réputation ;
Lui-même avec chaleur il fuit leur paffion,
Son injufte courroux met le comble à l'injure,
Et par l'éclat qu'il fait, , il fert leur impofture ;
Dans le fond de mon cœur il porte un coup mortel,
Et , de tous mes cenfeurs , il eft le plus cruel.

LE COMMANDEUR.

Sa douleur m'attendrit.

LA MARQUISE.

           Ce dernier trait m'accable.

LE COMMANDEUR.

Ma niéce....

LA MARQUISE.

        Laiffez-moi. Je fuis inconfolable;
Et vos difcours ne font qu'accroître mon chagrin.

LE COMMANDEUR.

Je ne vous ai parlé que dans un bon deffein.
Finette , fon état me touche au fond de l'ame.

N

FINETTE.

Monfieur, retirez-vous, j'aurai foin de Madame.

LE COMMANDEUR.

Oui, Je fors, & je vais chapitrer les cenfeurs,
Du repos des maifons, malins perturbateurs,
Médifans ! dont les traits caufent tant de ravages,
Je m'en prens à vous feuls, & voilà votre ouvrage.
Pour maintenir la paix & l'ordre dans Paris,
Morbleu ? vous devriez en être tous bannis :
Le monde gagneroit à cette heureufe perte.

(Il fort.)

FINETTE.

La Ville rifqueroit de demeurer déferte.

SCENE III.

LA MARQUISE, FINETTE.

FINETTE.

MAdame, revenez de votre abattement.

LA MARQUISE.

Je ne puis refpirer dans mon faififfement.
Avec l'intention la meilleure du monde,
Il vous porte dans l'ame une attaque profonde ;
Et, faute des égards que l'on doit obferver,
Sa main vous affaffine en voulant vous fauver.

Voilà ce que produit le mépris des usages.
On perd le fruit sans eux, des conseils les plus
     sages.

          (à part.)

Finette, éloignez-vous, Mais je ne songe pas
     (haut..)
Qu'elle a tout entendu. Revenez sur vos pas.

          (à part.)

Pour la mieux engager à garder le silence ,
Faisons lui de mon cœur l'entiere confidence.
La prudence le veut.

               F I N E T T E.

                    Madame, me voilà.

          LA MARQUISE, à part.

Quel effort! Je ne puis m'abaisser jusque-là.

               F I N E T T E.

Que souhaittez-vous?

               LA MARQUISE.

                    Rien. J'ai changé de pensée.

               (à part.)

Non; demeurez plutôt. Parlons, j'y suis forcée
Par l'éclat indiscret qu'à fait le Commandeur ,
Et beaucoup plus encor par l'état de mon cœur.

     (haut.)

Approchez. Dans le trouble où mon ame est
          plongée,
D'épancher mes secrets je me vois obligée.
Votre zèle éprouvé , votre air modeste & doux.

               N ij

Déterminent mon cœur à faire choix de vous.

Mon fort paroît flatteur, & l'on me croit heureufe,

Mais, Finette, fouvent l'apparence eft trompeufe.

Dans la paix du veuvage, & fous un front ferein,

Je nourris en fecret le trouble dans mon fein.

Deux tyrans à la fois perfécutent ma vie.

A leur joug oppofé je me vois affervie.

FINETTE.

Vous, Madame?

LA MARQUISE.

Oui, moi-même, & je fens tour à tour

Les tourmens de l'envie, & les feux de l'amour.

FINETTE.

D'un jufte étonnement vous me voyez faifie.

Vous devez exciter, non reffentir l'envie.

Le ciel en vous formant vous combla de fes biens;

Votre époux, par fa mort, vous laiffe tous les fiens.

Qui peut donc envier mon heureufe maîtreffe?

LA MARQUISE.

L'efprit de ma coufine, & fon air de fineffe.

FINETTE.

Votre cœur ne doit pas en paroître jaloux.

Vos appas font cent fois plus brillans & plus doux.

Il n'eft point de beauté que la vôtre n'éface;

Et vos yeux feuls....

LA MARQUISE.

Par-là, Lucile me furpaffe;

Car elle a les regards les plus ingénieux,
Et l'esprit, selon moi, fait lui seul les beaux yeux.
Pour moi je ne vois rien qui soit plus insipide,
Que les grands yeux mourans d'une belle stupide,
Qui regardent sans voir, & qui n'expriment rien.

FINETTE.

Ah! les vôtres au cœur ne parlent que trop bien;
Demandez, leur pouvoir fait tourner la cervelle.

LA MARQUISE.

Je ne me flatte point; je suis sotte auprès d'elle.
Si mon cœur est jaloux ce n'est point bassement,
Et l'amour le rend tel, non le tempérament.
Je ne voudrois avoir son génie en partage,
Que pour mieux asservir l'objet seul qui m'engage;
Ou plutôt, ce qui doit redoubler mon tourment,
Je crains que son esprit n'ait charmé mon amant.

FINETTE.

Cet amant est bien fait, sans doute, & sa personne...

LA MARQUISE.

Oui; c'est le Chevalier que mon oncle soupçonne;
Quoiqu'il ait en partage un dehors séducteur,
C'est plutôt par l'esprit qu'il a soumis mon cœur.
Des dons extérieurs l'uniformité lasse;
Mais l'esprit a toujours une nouvelle grace;
Il a l'heureux talent de varier les traits,
Et ses dons enchanteurs ne s'épuisent jamais.
En attraits différens il se montre fertile,

Et dans un feul objet il en préfente mille.
Par l'inconftance même il fçait nous engager,
Et fans être infidéle on croit toujours changer.

FINETTE.

Madame, votre choix me paroît très-louable,
Et votre amant vous plaît par l'endroit eftimable.
La figure eft fouvent mere de la fadeur,
Et cette qualité vaut pour moi la laideur.
Du fot le mieux tourné la préfence m'affomme,
Et l'efprit, à mon gré, fait la beauté de l'homme,

LA MARQUISE.

Ton goût flatte le mien.

FINETTE.

C'eft le meilleur de tous.

LA MARQUISE.

Lucile, par malheur, peut penfer comme nous;
J'ai tout lieu de le croire, & ma crainte eft fondée;
Pour éclaircir la peur dont je fuis poffédée,
Du foin de lui parler mon cœur charge le tien;
Qu'il tâche adroitement de lire dans le fien.

FINETTE.

Madame, à dire vrai, la chofe eft difficile,
Et rien n'eft plus obfcur que le cœur de Lucile;
Mais pour y réuffir j'emploirai tous mes foins;
Après tant de bontés je ne puis faire moins.
Votre amant cependant fe connoît en mérite;
Et fi de fon bonheur fon ame étoit inftruite,

A vous plaire, fans doute, il borneroit fes vœux.
LA MARQUISE.
Apprends que fon amour a feul produit mes feux :
Ma fierté contre lui s'étoit trop bien armée ;
Je ne l'aimerois pas, s'il ne m'avoit aimée.
Je fçai qu'il a pour moi brûlé fincerement ;
Si je crains aujourd'hui, c'eft pour fon changement.
FINETTE.
Qui fait dans votre efprit naître cette penfée ?
LA MARQUISE.
Sa froideur qui fuccede à fa flamme empreffée.
Mais ce qui doit le plus augmenter mon foupçon,
C'eft qu'il entend parler de l'hymen du Baron,
A qui le Commandeur veut que je fois unie,
D'un œil indifférent & d'une ame affoupie.
Il le voit près de moi fans montrer de courroux,
Et mon accueil flatteur ne le rend point jaloux.
FINETTE.
Cette façon d'agir eft des plus étonnantes :
Il poffede, il eft vrai, des qualités brillantes ;
Mais, Madame, excufez fi je dis mon avis ;
Son trop de confiance en rabaiffe le prix :
Le Baron eft moins vain, & s'il eft petit-maître,
Il l'eft, vraiment, en beau, comme ils devroient
tous l'être.
Sans en avoir le faux il en a le brillant,
Et feroit accompli, s'il étoit moins bouillant.
N iv

C'eſt l'unique défaut qu'il tienne de ſon âge;
Ses airs ſont étourdis, & ſa conduite eſt ſage.
Si vos ſens n'étoient pas prévenus aujourd'hui,
Votre choix, j'en ſuis ſûre, inclineroit vers lui.
Par le rang, par les biens, c'eſt peu d'éfacer l'autre;
Sa perſonne eſt en tout plus digne de la vôtre.

LA MARQUISE

Quel que ſoit ſon mérite, il ne peut rien ſur moi;
Il faut avoir mon cœur pour obtenir ma foi;
Le Chevalier, Finette, a ſeul ce droit ſuprême,
Et le don de ma main n'eſt dû qu'à ce que j'aime;
Mais avant que mon ame oſe ſe déclarer,
De la ſienne, en ſecret, elle veut s'aſſurer.
Il ſera ſans défaut pourvu qu'il ſoit fidéle:
Il entretient Lucile, il s'empreſſe auprès d'elle;
Sur ſes regards toujours ſes yeux ſont attachés,
Pour apprendre quels ſont ſes ſentimens cachés.
Voi, parle à ſon valet, mais ſans me compromettre.

FINETTE.

Sur mon zèle, de tout, vous pouvez vous remettre,

LA MARQUISE.

De l'aveu de mon cœur tu dois ſentir le prix;
Il attend ſon repos du ſoin qu'il t'a commis.
Songe que ma conduite, & peut-être ma vie,
A ce que tu feras, va ſe voir aſſervie:
Crains ſur-tout d'expoſer mon ſecret au grand jour;
Tu ne peux apporter trop d'art & de détour.

L'amour impérieux, l'affreuse jaloufie,
Ont beau tyrannifer mon ame affujettie;
Un maître, encor par moi beaucoup plus redouté,
Me foumet toute entiere à fon autorité.
C'eft le monde éclairé dont je crains la cenfure;
Sa regle, de mes pas, fut toujours la mefure.
L'effroi du ridicule, & la peur d'un éclat,
Triomphent dans mon cœur de tout autre combat.
Ma réputation plus que l'amour m'eft chere,
Et tout autre intérêt près d'elle doit fe taire.
Adieu : de ton art feul dépendent mes deftins;
Je laiffe mon bonheur & ma gloire en tes mains,

SCENE IV.

FINETTE, *seule.*

POur le coup je triomphe, & ma gloire eſt entiere;
Me voilà confidente, & j'en ſuis toute fiere.
Madame me remet le ſoin de ſon bonheur,
Et rend à mon emploi ſa premiere ſplendeur.
J'aurai dans ſon conſeil voix délibérative,
Et je ne ferai plus une Suivante oiſive.
Bien-tôt dans la maiſon tout ſe fera par moi;
La Marquiſe, elle-même, y recevra ma loi.
Son ſecret confié me rendra tout facile :
On eſt maître des grands, dès qu'on leur eſt utile.

Fin du premier Acte.

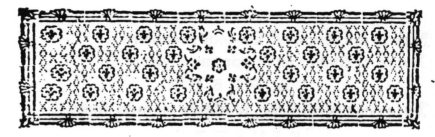

ACTE II.

SCENE PREMIERE.

LA FLEUR.

Finette me demande, & veut m'entretenir ;
Je dois de mon côté.... Mais je la vois venir.

SCENE II.

LA FLEUR, FINETTE.

LA FLEUR.

J'Ai volé pour me rendre à vos ordres, Madame ;
Difposez de mon bras, difposez de mon ame.
FINETTE.
Sur ta fincérité puis je compter, la Fleur ?
LA FLEUR.
Regarde-moi, ce front répond de ma candeur.

FINETTE.

Mais la difcrétion eft fur-tout néceffaire.
Je dois te confier un important myftère.

LA FLEUR.

Tu le peux hardiment, le filence eft mon fort;

FINETTE.

Apprens donc qu'un moment vient de changer mon
      fort.
Madame, de fes feux, m'a fait l'aveu fincere;
Et de tous fes fecrets je fuis dépofitaire.

LA FLEUR.

Je te fais compliment fur un fi grand honneur.

FINETTE.

Je ne le cache pas, il eft pour moi flatteur.
Le Chevalier, ton maître, eft l'objet qui la charme.
L'efprit de fa coufine à fon fujet l'allarme.
Son appréhenfion n'eft pas fans fondement.
Tâche de découvrir la chofe adroitement ;
Je te charge du foin d'étudier ton maître,
Et de le démêler, fans rien faire connoître.

LA FLEUR.

C'eft un foin fuperflu, puifqu'il faut parler net ;
Je fuis du Chevalier le confident difcret.

FINETTE.

D'où vient donc que tantôt tu m'en as fait myftère ?

EA FLEUR.

Par prudence, avec toi, j'ai crû devoir me taire.

Tes difcours m'ont paru d'abord un piége adroit;
Mais je me fuis trompée : je vois que tu vas droit ,
Et je dois , fans détour , répondre à ta franchife.
Mon maître ne fait rien que par mon entremife ;
Il me confulte en tout depuis que je le fers ;
Et même quelquefois je corrige fes vers.

FINETTE.

Je ne m'étonne plus fi Paris les admire.
De l'état de fon cœur hâte-toi de m'inftruire.
Aime-t-il la Marquife avec fidélité ?

LA FLEUR.

Puifqu'il faut avec toi , dire la vérité,
Chaque inftant affoiblit l'amour qu'il a pour elle.
Ce feu céde aux efforts d'une flamme nouvelle,
Lucile en eft l'objet ; l'efprit , l'efprit vainqueur ,
Arrache à la beauté l'empire de fon cœur.

FINETTE.

Crois-tu qu'il foit aimé ?

LA FLEUR.

Je n'en fçai rien encore.
Ses feux font tout nouveaux , Lucile les ignore.
Pour en faire l'aveu , nous guettons le moment ;
Et je viens , de fa part , te prier poliment,
De lui faciliter cet inftant qu'il defire.

FINETTE.

Pour qui me prend - il donc ? Mais vraiment ! je
L'admire.

Finette a trop d'honneur & trop de probité,
Pour prêter son secours à l'infidélité ;
A son nouvel amour son bien même s'oppose.
S'il trahit la Marquise, à tout perdre il s'expose.

LA FLEUR.

Constant en apparence, & volage en effet,
Il peut les ménager toutes deux en secret.
Car l'infidélité dont tu lui fais un crime,
Est sagesse, entre nous, quand elle est anonyme.

FINETTE.

Cette morale-là chez qui la puise-tu ?

LA FLEUR.

Chez ta maîtresse même. Elle met la vertu
A sauver les dehors. C'est suivre son systême,
Et la servir enfin selon le goût qu'elle aime.

FINETTE.

Le dangereux esprit ! Sous un air simple & bon
Il cache les détours du plus rusé fripon.
Ecoute ; pour ton bien, & celui de ton maître,
D'un amour inutile, & funeste, peut-être,
Tandis qu'il en est tems, détourne ses esprits.
Tu ne sçaurois d'abord me plaire qu'à ce prix ;
Et l'intérêt, de plus, à qui tout rend les armes....

LA FLEUR.

Pour me déterminer, il suffit de vos charmes.

FINETTE.

Monsieur est bien galant. Quelqu'un vient en ce lieu.

C'eſt Lucile. Je dois l'entrenir. Adieu.
Auprès du Chevalier cours agir au plus vîte.

LA FLEUR.

Je répons de mes ſoins, non de la réuſſite.

SCENE III.

LUCILE, FINETTE.

FINETTE, *à part.*

ELle eſt ſeule, & paroît rêver profondement.
Pour lire dans ſon cœur, ſaiſiſſons ce moment.
(*haut.*)
Mademoiſelle eſt bien ſolitaire & rêveuſe.
Si j'en crois de ſes yeux l'expreſſion flatteuſe,
Sa rêverie eſt douce, & quelque aimable objet,
Sans doute, en ces inſtans, en fait ſeul le ſujet.

LUCILE.

Non. Vous voulez, Finette, être trop pénétrante;
Et cette rêverie eſt très-indifférente.
Le ſeul hazard la cauſe, & l'eſprit entraîné
Rêve alors ſans avoir d'objet déterminé.
On cherche, mais en vain, quel en eſt le principe,
Et le caprice ſeul l'enfante & la diſſipe.

FINETTE.

On démêle aiſément celle qui part d'humeur,

D'avec celle qui prend fa fource dans le cœur.
On peut fur un regard affeoir fes conjectures;
Et pour les diftinguer il eft des marques sûres.
Si j'ofois m'expliquer, je dirois que vos yeux....

LUCILE.

J'admire, à mon égard, votre foin curieux.
Mes yeux n'expriment rien que mon devoir n'avoue.

FINETTE.

Un certain coloris eft peint fur votre joue,
Qui, des troubles de l'ame eft un avant-coureur.

LUCILE.

Votre liberté feule excite ma rougeur.

FINETTE.

Pardon, fi je me fuis un peu trop avancée.
Par fon mauvais côté vous prenez ma penfée.
Je fçai que la vertu conduit feule vos pas;
Mais l'amour eft un nœud qu'elle ne défend pas,
Quand l'eftime le forme, & la raifon l'éclaire.
N'êtes-vous pas dans l'âge, & d'aimer, & de plaire?
Si pour un cavalier aimable comme vous,
Vous fentiez en fecret quelque chofe de doux,
Mon fecours, en ce cas, pourroit vous être utile;
Il vous foulageroit. Un confident habile
Eft auprès d'un amant tremblant, foible, incertain,
Ce qu'auprès d'un malade, eft un bon médecin.
Il ne le guérit pas, mais fon art le confole,
Et par-là ce même art n'eft pas un art frivole.

L U C I L E.

Finette, encore un coup, vous prenez trop de soin ;
D'un semblable secours mon cœur n'a pas besoin ;
Il est libre, & j'en suis heureusement maîtresse :
Mais quand même il seroit soumis à la tendresse,
Je vous le cacherois, & sçachez que je crains
Les Confidens encore plus que les Médecins.
Si l'art de ces derniers, incertain dans sa source,
De nos jours attaqués précipite la course,
Des autres l'imprudence & l'indiscrétion,
Nous enlevent souvent la réputation.
Par un mot échappé notre gloire est flétrie ;
Et ce bien qu'il nous ôte, est plus cher que la vie.

F I N E T T E.

En vous ouvrant à moi vous ne risquerez rien.

L U C I L E.

Dites-moi, pour finir un pareil entretien,
D'où naît l'empressement où votre ame s'obstine ?

F I N E T T E.

C'est de mon zèle seul.

L U C I L E.

Mon oncle & ma cousine....

F I N E T T E

Croyez qu'auprès de vous j'agis à leur insçu.

L U C I L E.

Allez ; quoi qu'il en soit, l'effort est superflu.
Si c'est l'effet en vous d'un zèle que je blâme,
Je vous défens d'oser pénétrer dans mon ame,

Tome II.   O

Plus que vous ne devez, & plus que je ne veux.
Qui paſſe ſon emploi, ſe rend toujours fâcheux.
Par un pouvoir ſecret, ſi d'autres vous l'ordonnent,
Dites-leur de ma part, qu'à tort ils me ſoupçonnent ;
Qu'ils peuvent être ſûrs que mon cœur n'aime rien,
Et que s'il vient jamais à former un lien,
Son choix ſera ſi juſte, & ſi digne d'eſtime,
Que loin de leur cacher un penchant légitime,
Il ſera le premier à déclarer ſes feux ;
Et que pour confidens il ne choiſira qu'eux.
Sortez.
FINETTE.
En termes clairs votre bouche s'explique:
Je n'ai plus rien à dire, & je ſors ſans replique.

SCENE IV.
LUCILE, ſeule.

JE dois, plus que jamais, leur cacher mon ardeur ;
Tout conſpire en ces lieux pour pénétrer mon
　　cœur.
Je vois qu'à mon ſujet, ma couſine inquiéte,
D'accord avec mon oncle, a fait agir Finette.
Que le ſort d'une fille eſt triſte & malheureux !
Si ſon cœur au dehors laiſſe exhaler ſes feux,
Le rigide cenſeur blâme ſon imprudence.
Si ſa bouche eſt ſoigneuſe à garder le ſilence,

Élle voit son secret des siens même envié,
Et tout, pour l'arracher, est par eux employé.
Défions-nous de tout, de peur d'une surprise ;
A prendre ce parti mon amour m'autorise.
Mon oncle, j'en frémis, travaille fortement,
Pour unir la Marquise au Baron mon Amant.
Pourra-t-il résister au bien qu'on lui destine ?
Ah ! mon malheur est sûr, s'il plaît à ma cousine :
Tout parle en sa faveur, & tout est contre moi ;
Elle asservit mon oncle, & je suis sous sa loi ;
D'un regard attentif je vois qu'elle m'observe ;
Je dois, à son exemple, être sur la réserve,
Et de ma passion n'avoir, malgré ses soins,
Que moi pour confidente, & mes yeux pour témoins.
A me lire ses vers le Chevalier s'empresse ;
Et quoi qu'à tout moment sa vanité me blesse,
Faisons-lui, devant elle, un accueil gracieux,
Pour découvrir son ame & pour la tromper mieux.
Son cœur se trahira s'il est vrai qu'elle l'aime,
Et de sa jalousie, en dépit d'elle-même,
Quelques traits perceront que je reconnoîtrai,
Et, sur ses mouvemens, je me déciderai.
Je sçaurai par cet art surmonter son adresse,
Et des évènemens me rendre la maîtresse.
De garder son secret qui peut venir à bout,
Ne risque jamais rien, & profite de tout.
Mais j'entens parler haut ; c'est mon oncle, je pense.

SCENE V.

LE COMMANDEUR, LUCILE.

LE COMMANDEUR, *sans voir Lucile.*

OH! j'ai tanfé, parbleu! nos cenfeurs d'impor-
  tance,
Et lorfqu'à la Marquife ils feront le procès,
Ils ne me prendront plus pour juge de leurs traits.
Mais elle eft, après tout, d'une délicateffe
Qui me paroît outrée.... Ah! te voilà, ma niéce!
Tu parois à propos, & jai dans ce moment
A te parler ici très-férieufement.
Ne t'en allarme pas, c'eft pour ton avantage ;
Apprends donc qu'il s'agit d'un très-bon màriage.

LUCILE, *à part.*

Diffimulons; peut-être eft-ce un piége couvert.

LE COMMANDEUR.

Un parti peu commun aujourd'hui s'eft offert ;
C'eft un Marquis Gafcòn, mais comme on n'en voit
  guere.
Il eft riche, modefte, & jamais n'exagere ;
Il craint d'être obligé, même à fes bons amis,
Et n'accepte un dîner que pour en rendre fix.

Il eſt, ſans en parler, libéral, noble & brave;
Sur-tout de ſa parole il ſe montre l'eſclave.
On n'apperçoit en lui, ni détours, ni délais;
Il prête fort ſouvent, & n'emprunte jamais.

LUCILE.

C'eſt un homme vraíment d'un caractère rare.

LE COMMANDEUR.

Oui; rare, mais en beau; neuf, ſans être bizarre.
A ces traits ſinguliers tu reconnois Damon,
Et faire ſon portrait, c'eſt déclarer ſon nom.
Tu vois que l'alliance eſt très-avantageuſe;
Avec un tel époux tu ne peux qu'être heureuſe.
Quelque riche pourtant que ſoit cette union,
Je ne veux point gêner ton inclination.
Déclare-moi ton goût, car je veux le connoître.

LUCILE.

Je n'en ai point, mon oncle, & vous êtes le maître.

LE COMMANDEUR.

Voilà comme elles ſont, ces filles, la plûpart:
On ne peut les porter à s'expliquer ſans fard.
Dès qu'on parle d'hymen, elles font les ſoumiſes;
Et cachent le penchant dont elles ſont épriſes.
Elles forment des nœuds en dépit de leur cœur,
Et d'un long repentir ſe préparent l'horreur.
Si ce ſort t'arrivoit, j'en ſerois le complice,
Et je veux, malgré toi, t'épargner ce ſupplice.

LUCILE.

De mon ſexe en ce point je n'ai pas le défaut.

LE COMMANDEUR.

Tu l'as par préférence, & tu l'outres plutôt,
Ton cœur eſt ſi caché qu'il me met en colere,
Je n'ai pû démêler encor ton caractère,
Il ne paroît jamais ſous aucune couleur.
Tu n'aimes, ni ne hais, & tu n'as point d'humeur,
Songe que la réſerve, à cet excès portée,
Des imperfections eſt la plus déteſtée ;
Elle rompt le lien de la ſociété,
Bannit la confiance & la ſincérité,
Briſe de l'amitié tous les nœuds reſpectables,
Nous fait perdre le fruit des qualités aimables,
Nous iſole de tout, nous ferme tous les cœurs ;
Et ſes ſoins défians nous privent des douceurs
De nous communiquer ſans ceſſe avec les autres,
D'apprendre leurs ſecrets, & d'épancher les nôtres.
Pour moi, qui ſuis né franc, c'eſt le ſouverain bien ;
Crois-en mon ſentiment, & réforme le tien ;
Il te nuit près de moi. Si tu veux que je t'aime,
Pour modele, aujourd'hui, prens ton oncle lui-même,
Sur tout, parle avec moi, car j'aime à converſer ;
Le plaiſir de ſentir, le plaiſir de penſer,
Eſt moins vif, mille fois, que celui de le dire.

LUCILE.

A marcher ſur vos pas, mon oncle, en tout j'aſpire,
Mais plus je m'examine, & moins je vois en quoi,
De la ſincérité j'ai pû bleſſer la loi.

Mon ame à tous vos traits ne s'est point reconnue.

LE COMMANDEUR.

Tu n'es rien moins que franche, en faisant l'ingénue.

LUCILE.

Je la suis.

LE COMMANDEUR.

En discours.

LUCILE.

Non, en effet, Monsieur.

LE COMMANDEUR.

Là, l'es-tu comme moi?

LUCILE.

Le puis-je, à la rigueur!

Mon sexe, mon état, notre façon de vivre,
Tout, à certains égards, me défend de vous suivre.
Mon cœur doit redouter les jugemens d'autrui ;
Et le siécle à tel point est critique aujourd'hui ,
Qu'une simple parole à ses traits donne prise.
Bien loin qu'auprès de lui l'innocence suffise ,
Avec plus de rigueur il la juge toujours ;
Et donne un tour malin à ses moindres discours.
Sur un mot qu'elle dit, il bâtit une histoire ,
Et prend soin de l'orner aux dépens de sa gloire.
Le public prévenu, qui ne revient jamais ,
Contre elle, sans retour, prononce ses arrêts.
Elle a beau hautement crier à l'injustice ,
La vertu soupçonnée à le destin du vice.

O iv

LE COMMANDEUR.

Oui, souvent.

LUCILE.

Ainsi, grace au monde rigoureux,
La franchise est pour nous un défaut dangereux ;
Comme souvent en mal elle est interpretée,
Notre conduite en tout doit être concertée.
Le monde nous y force, & sa malignité
Nous fait de la réserve une nécessité.

LE COMMANDEUR.

Soit. J'approuve en public ta conduite cachée,
Puisqu'à cet art, enfin, ta gloire est attachée ;
Mais tu dois à mes yeux dévoiler tout ton cœur,
Quand je veux prononcer sur son propre bonheur.

LUCILE.

De tous mes sentimens il a dû vous instruire,
Et dans ce même cœur vos regards ont dû lire
L'attachement pour vous le plus respectueux,
Et tel que je le dois à vos soins généreux.
Je me trompe, ou je crois qu'une fille à mon âge,
Ne doit ni s'expliquer, ni sentir davantage.

LE COMMANDEUR.

Vain détour ! A ton âge, on fait voir ses penchans.
Mais je crois entrevoir les tiens en ces instans.
Damon, quoique bien fait, n'est plus dans sa jeunesse ;
Il passe quarante ans. C'est-là, c'est-là, ma niéce,
Ce qui te fait garder le silence aujourd'hui,
Et t'inspire en secret de la froideur pour lui,

LUCILE.

Non , mon oncle , croyez. . . .

LE COMMANDEUR.

Cesse , cesse de feindre.
Ma main, je te l'ai dit, ne veut pas te contraindre.
Je n'abuserai point des droits que j'ai sur toi ,
Je dois te marier , pour toi, non pas pour moi.
Comme, par ce lien, ma bonté peu commune,
Veut faire ton bonheur, ainsi que ta fortune ,
Apprends-moi franchement quel est ton goût chéri?
Je veux d'après lui seul te donner un mari.

LUCILE.

Cet excès de bonté ne sert qu'à me confondre.
Par un sincère aveu je voudrois y répondre ;
Mais là-dessus encor mon cœur ne m'a rien dit,
Guidé par le devoir, & par l'exemple instruit,
De ce qu'il peut sentir, lui-même il se défie:
Il n'ose décider du repos de ma vie ;
Et comme la jeunesse, aveugle en son desir,
Forme souvent un choix que suit le repentir ;
Et qu'au même malheur la promptitude expose,
De sa félicité, mon oncle, il se repose
Entiérement sur vous, de peur de s'égarer.
Vous sçavez, mieux que lui, ce qui peut l'assurer.
Daignez , pour rendre encor mon bonheur plus
          durable ,

Prendre conseil du tems sur un projet semblable;
Et songez qu'un lien qu'on forme sans retour,
Ne doit pas être, enfin, l'ouvrage d'un seul jour.
Vous devez approuver cette juste demande.

LE COMMANDEUR.

Je n'en suis pas content, la réponse est normande.
Je ne veux qu'un seul mot, mais qui soit positif.
Prononce nettement sur ce point décisif.
Le mariage est-il à tes yeux agréable?
Ou bien ne l'est-il pas? Un époux jeune, aimable,
D'un rang égal au tien, te convient-il, ou non?
Répons droit à la chose, & sans plus de façon.

LUCILE.

J'ai déjà répondu, mon oncle, avec franchise.

LE COMMANDEUR.

Dis-moi? Veux-tu Dorante? Il est joli garçon.
Aime-tu mieux Valére? Il a plus de raison.
Veux-tu le Président? Parle, je te le donne.
Tu n'aimes pas la robe, & je te le pardonne.
Le Comte, le Vicomte, ou bien le Chevalier?

LUCILE.

Mais, mon oncle....

LE COMMANDEUR.

Hem! ton cœur panche vers ce dernier?

LUCILE.

Non, Monsieur.

LE COMMANDEUR.

Quel est donc celui que tu préferes?

LUCILE.

Je dois m'en rapporter à vos feules lumieres.

LE COMMANDEUR.

Non, non, tu choifiras, & je te le prefcris.

LUCILE.

C'eft à vous. ....

LE COMMANDEUR.

C'eft à toi. Je le veux.

LUCILE.

Je ne puis,

LE COMMANDEUR.

Oh! Je me fâcherai.

LUCILE.

Que mon oncle prononce.

J'obéirai. Voilà ma derniere réponfe.

LE COMMANDEUR.

C'en eft trop, à la fin; tu me pouffes à bout,
Et faches que ton oncle eft capable de tout.
Je vais dans mon courroux, par un acte autentique,
Je vais.... te déclarer mon héritiere unique,
Te marier enfuite, & pour mieux te punir,
Choifir un beau jeune homme à qui je veux t'unir.
Je ne badine pas, je tiendrai ma promeffe,
Et dès ce même foir. Penfes-y, je te laiffe.

SCENE VI.

LUCILE, *seule.*

LA menace est nouvelle, & j'en ris malgré moi.
De concert, sans le croire, il agit, je le voi.
Voilà qui justifie, & confirme ma crainte.
Cet hymen proposé n'est qu'une adroite feinte.
Mais si je me trompois dans un pareil soupçon,
Qu'il voulût pour jamais m'arracher au Baron ;
Que deviendrois-je ? O ciel ! Moi dont l'impatience
Ne souffre qu'à regret sa plus légere absence ;
Dans le temps que l'amour m'en fait même un de-
　　voir,
Malgré le vif desir que j'ai de le revoir,
Je dois plus que jamais l'éloigner de ma vue.
Mais que vois-je ? Il paroît. Ma prudence est déçue.

SCENE VII.

LE BARON, LUCILE.

LUCILE.

QUoi ! Vous ofez ici vous montrer devant moi,
Après que mon amour vous a fait une loi
De ne plus me parler, d'éviter ma préfence ?

LE BARON.

Lucile, vainement je me fais violence ;
L'ordre eft trop rigoureux, je ne puis le remplir,
Ni vivre plus long-temps fans vous entretenir.

LUCILE.

Si vous brûlez pour moi d'une ardeur véritable,
Fuyez, tout m'eft fufpect, & tout m'eft redoutable:
Un gefte, un feul regard peut trahir nos fecrets,
Et je crains que ces murs ne foient même indifcrets:
Eloignez-vous, vous dis-je; en ce moment je tremble
Que la Marquife ici ne nous furprenne enfemble.

LE BARON.

Pourquoi ?

LUCILE.

Le pouvez-vous demander, dans le tems
Que l'on parle d'unir vos jours à fes inftans.

LE BARON.

Ma tendreffe fuffit pour raffurer votre ame.

LUCILE.

Non; partez. Dans ce jour tout allarme ma flamme;

LE BARON.

Vous l'ordonnez en vain, je n'y puis confentir,
Je veux fçavoir, Lucile, avant que de partir,
Quel prix vous deftinez à mon ardeur fincère,
C'eft garder trop long-tems un filence févère,
Je traîne dans le doute un deftin languiffant ;
A peine obtiens-je un mot pour faveur en paffant.
De parler, de voir même, on me fait la défenfe,
Et je fouffre, préfent, les tourmens de l'abfence.
Je n'ai pû parvenir depuis fix mois, enfin,
Au bonheur feulement de baifer votre main.

(Il lui baife la main.)

LUCILE.

Oui, mais vous la baifez en parlant de la forte.

LE BARON.

Pardonnez ce tranfport à l'ardeur la plus forte.

LUCILE.

Je l'excufe, pour vaincre un doute injurieux.
Baron, quand mon amour vous bannit de mes yeux,
Croyez que ce n'eft pas fans une peine extrême,
Et vous verrez bien-tôt à quel point je vous aime.

LE BARON.

Tandis que vous aurez pour moi cette rigueur,
Vous ne me convaincrez jamais de mon bonheur.
Toujours à mes regards vous paroiffez voilée ;

Pour tous les autres yeux soyez dissimulée ;
Mais quittez la réserve auprès de votre amant ;
Que je puisse voir clair dans votre ame un moment.

LUCILE.

Eh ! n'y voyez-vous pas la flamme la plus vive ?
A déguiser mes feux si je suis attentive,
C'est par excès d'amour que je les tiens cachés,
Et pour vous seul, ingrat, qui me le reprochez.
La crainte de vous perdre, ou d'être traversée,
M'oblige, malgré moi, de cacher ma pensée ;
Et la peur que me fait votre vivacité,
De vous ouvrir mon cœur m'ôte la liberté.
Mon art, ma politique, avec ma défiance,
Sont un fruit de mes feux & de votre imprudence.
Votre bouillante ardeur y force mon amour ;
Et si je n'aimois pas, je serois sans détour :
Mon cœur se livreroit, il seroit véritable,
Et de tous mes défauts vous êtes seul coupable.

LE BARON.

Ah ! d'un excès d'ardeur, puisqu'ils sont provenus,
De tels défauts pour moi deviennent des vertus ;
Mais rassurez vos sens sur mon humeur bouillante.
Songez, quand il le faut, que ma flamme est prudente ;
Vous-même épargnez-vous l'art de vous tant cacher.

LUCILE.

Dans mon sort malheureux puis-je m'en empêcher ?
Soumise, dépendante, & sans ressource aucune,

Ma réferve eft mon bien, mon fecret, ma fortune;
Il peut feul aujourd'hui m'affurer votre cœur ;
Tout, pour me l'enlever, fe ligue avec chaleur,
La beauté, les honneurs, le crédit, l'opulence ;
Je n'ai que mon amour aidé de mon filence.

LE BARON.

Eh ! quoi, n'avez-vous pas, malgré le fort jaloux,
Ce cœur qui vous adore, & qui vaincra fes coups ?
Une pareille crainte outrage ma tendreffe.
Vous êtes le feul bien qui manque à ma richeffe.
Je vous vois tous les jours parler au Chevalier ;
Si j'étois comme vous prompt à me défier,
Ces entretiens fréquens cauferoient mes allarmes.
Je craindrois que pour vous ils n'euffent trop de
charmes.

LUCILE.

Quoiqu'il ait de l'efprit, il m'a déplu toujours.
Mon oreille, à regret, écoute fes difcours.
Vous le fçavez trop bien, j'ai cette complaifance,
Pour ôter les foupçons de notre intelligence.

LE BARON.

J'aime trop à vous croire, & n'en fuis point jaloux,
Malgré fon air content quand il fort près de vous.
Par le ton réfervé qu'il affecte de prendre,
C'eft envain qu'il voudroit fouvent me faire entendre,
Que fon mérite en tout vous touche au dernier point,
Je

Je ris de son orgueuil ; & je ne le crois point.

LUCILE.

Avant la fin du jour, je me flatte, j'espere
De lui prouver combien mon cœur le considere.
Mais quelqu'un peut venir ; Baron, retirez-vous,
Malgré moi je m'oublie en des instans si doux,

LE BARON.

Mais quel arrangement, Lucile, allons-nous prendre?

LUCILE.

Je n'en sçais rien encor ; sortez sans plus attendre,

LE BARON.

Convenons en deux mots ; après je partirai.

LUCILE.

Je ne puis vous parler, mais je vous écrirai,

LE BARON.

Cette faveur me flatte & prouve votre estime,
Mais quelque tendrement qu'une lettre s'exprime ;
Elle ne dit jamais autant que le discours ;
Et quand on peut se voir, c'est un foible secours.
Nous le pouvons tous deux par l'aide de Finette :
Elle a beaucoup d'adresse, & paroît fort secrette ;
C'est le plus sûr moyen....

LUCILE.

Ah! que me dites-vous!

P

C'eft le plus dangereux & le pire de tous.
Songez, Baron, fongez que de tout domeftique
On doit fuir l'entretien, & craindre la critique ;
Que nous recevons d'eux les coups les plus mortels,
Et que nous n'avons point d'ennemis plus cruels.
Cenfeurs de tous nos pas & de notre conduite,
Notre grandeur les bleffe, & leur joug les irrite.
Dévoiler notre cœur à leur regard malin,
C'eft leur donner fur nous un pouvoir fouverain.
D'un pareil avantage ils profitent en traîtres ;
D'efclaves qu'ils étoient, ils deviennent nos maîtres ;
Et dans la peur de voir éclater nos fecrets,
Nous prenons leur état, & fommes leurs fujets.
J'aimerois mieux cent fois renoncer à la vie,
Que de me voir réduite à cette ignominie.
De cacher mon amour je me fais une loi ;
Et c'eft trop d'en avoir à rougir devant moi.

LE BARON.

On ne peut mieux parler ; mon efprit vous admire ;
Mais s'aimer fans fe voir, eft un affreux martyre :
Et pour moi, dans l'excès....

LUCILE.

Sortez fans repliquer.

LE BARON.

J'obéis... Attendez ; je dois vous expliquer...

Il me vient une idée. Ismene est votre amie,
Et nous pourrions chez elle...

LUCILE.

Ah! C'est une étourdie,
Et vous lui ressemblez.

LE BARON, *rêve en s'en allant.*

Il est tant de moyens.
Si j'en puis trouver un... Pour le coup je le tiens.
Nous pourrons en secret nous voir au Tuileries.

LUCILE.

En secret, en public? Vous avez des saillies...

LE BARON.

Mais si... pourtant... enfin... nous tentions... écoutez.

LUCILE, *le contrefaisant.*

Mais si... pourtant... enfin... vous m'impatientez,
Retirez-vous, Monsieur, ou bien je me retire.

LE BARON.

Je pars, n'oubliez pas au plutôt de m'écrire;
Vous me l'avez promis, & le billet sera
Tendre.

LUCILE.

Oui; je le ferai, Monsieur, tel qu'il faudra.

LE BARON.

Détaillé? Les détails sont sur-tout nécessaires;

P ij

Et l'amour veut de l'ordre ainsi que les affaires.

LUCILE.

Partez, encor un coup ; comme votre entretien,
Les billets les plus longs, souvent ne disent rien.

LE BARON.

Cependant....

LUCILE.

> A la fin il faut que je le chasse,
Et le force avec moi d'abandonner la place.
Il ne finiroit pas sans cela d'aujourd'hui.
Il faut en même tems que je fasse avec lui,
La charge de tutrice, & l'office d'amante,
Le rôle de maîtresse, & l'emploi de suivante.

Fin du second Acte.

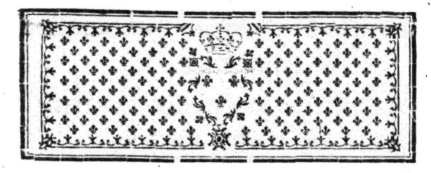

ACTE III.

SCENE PREMIERE.

LE BARON.

Mon esprit, à la fin, à force d'y songer,
A trouvé le moyen de nous voir sans danger.
L'exécution même en est simple & facile ;
Je reviens sur mes pas pour l'apprendre à Lucile.
De paroître en ces lieux elle m'a défendu ;
Mais mon plan est si juste & si bien entendu,
Que pour être approuvé je n'ai qu'à le lui dire ;
Il est très-important, d'ailleurs, de l'en instruire.

SCENE II.

LE CHEVALIER, LE BARON.

LE CHEVALIER.

JE te trouve à propos,

LE BARON.

Je ne puis m'arrêter,

LE CHEVALIER.

Baron, un seul moment; je veux te consulter.

LE BARON.

Me consulter! moi, moi? Mais suis-je consultable?

LE CHEVALIER.

Sous un air étourdi je te sçais raisonnable;
C'est d'ailleurs sur des vers; tu t'y connois, tu dois....

LE BARON.

Adresse-toi plutôt à des Auteurs de poids.

LE CHEVALIER.

Je préfére le goût d'un homme du grand monde.

LE BARON.

Oh! Sur cette matiére il faut que je te fronde;
Un homme comme toi, peut-il bien, Chevalier,
Faire de bel esprit ouvertement métier?
Rimer sans nuls remords, réciter sans scrupule,
Et d'auteur déclaré courir le ridicule.

LE CHEVALIER.

Toi–même, peux-tu bien me tenir ce propos ,
& fuivre aveuglément le préjugé des fots ?
C'eft à l'éclat du jour préférer la nuit fombre.

LE BARON.

Il vaut mieux être fot avec le plus grand nombre,
Que d'avoir de l'efprit tout feul.

LE CHEVALIER.

Comment !

LE BARON.

Adieu.

Je ne puis m'arrêter plus long-tems en ce lieu.

LE CHEVALIER.

Oh ! tu m'écouteras.

LE BARON, *à part.*

Ciel ! je crains que Lucile ....

LE CHEVALIER, *l'arrêtant.*

Tu fais pour m'échapper un effort inutile ;
Pour la gloire des vers , pour l'honneur de l'efprit ,
Je prétends diffiper l'erreur qui te féduit ;
Et je ne fçaurois mieux te prouver mon eftime.
Je veux par la raifon juftifier la rime ;
Et tu ne fortiras , Baron , abfolument,
Qu'après que je t'aurai convaincu pleinement.

LE BARON, *à part.*

J'enrage.

LE CHEVALIER.

Tu confonds avec la Poëfie ,

P iv

L'abus que l'on en fait, & qui feul la décrie.
C'eſt de tous les préſens que l'homme tient des cieux,
Le plus noble en lui-même, & le plus précieux.
Rien ne peut approcher de ſes beautés divines ;
Il donne une ame à tout.

LE BARON.

Je ſuis ſur les épines.

LE CHEVALIER.

Il enchante les ſens, en corrigeant les mœurs,
Et fait cacher le fruit ſous le brillant des fleurs.
Ce don, bien employé, rend la vertu piquante,
Le bon ſens agréable, & la raiſon ſaillante.

LE BARON.

Oh! finis à la fin ce diſcours ennuyeux.

LE CHEVALIER.

La Poëſie alors eſt la langue des Dieux ;
Je crois qu'un Gentilhomme, en dépit de l'uſage,
Peut bien la profeſſer & parler leur langage.
Ne témoigne donc plus de mépris pour les vers,
Et de nos jeunes gens ſuis plutôt le travers ;
En eſt-il dans le fond qui ſoit plus condamnable ?
Par un aveuglement qui n'eſt pas concevable,
Les noms de libertin, d'étourdi, de buveur,
De menteur, d'ignorant, d'indiſcret, de joueur,
D'inconſtant, d'infidéle, & d'homme ſans parole,
Semblent flatter l'excès de leur vanité folle,

Quand les noms de Sçavant, d'Auteur, d'Homme
    d'esprit,
De Philosophe, enfin, qui pense & réfléchit,
Offensent leur oreille, & révoltent leur ame ;
On les voit suivre en tout ce que la raison blâme ;
Eviter le chemin frayé par le bon sens,
S'applaudir des défauts, & rougir des talens.

LE BARON.

Ta déclamation est des plus imposantes,
Et tu fais voir l'esprit par ses faces brillantes ;
Mais si j'avois le tems je te le montrerois
Par ses mauvais côtés, & je te forcerois....

LE CHEVALIER.

Voyons un peu, voyons ce que tu pourras dire.

LE BARON.

Je n'ai pas le loisir. Adieu ; je me retire.

LE CHEVALIER.

Non, non, tu parleras, & tes efforts sont vains.

LE BARON.

Eh bien ! je te dirai, puisque tu m'y contrains,
Que le talent des vers, s'il n'est dans l'excellence,
Couvre de ridicule un homme de naissance.

LE CHEVALIER.

On sçait trop que des miens le coloris est beau.

LE BARON.

Je le crois bien ; parbleu ! tu les prends dans Boileau :
Qui veut se faire un nom, & mériter sa gloire,

Doit rimer de génie, & non pas de mémoire.
Ma franchise t'offense. Adieu. Tu l'as voulu;
Et c'est pour te punir de m'avoir retenu.

SCENE III.

LE CHEVALIER, *seul.*

Nous vivons dans des tems si durs & si caustiques,
Que nos meilleurs amis sont nos plus grands cri-
    tiques ;
Et les talens déchus de leurs honneurs passés,
Sont jugés aussi mal qu'ils sont récompensés.

SCENE IV.

LE CHEVALIER, LA FLEUR.

LE CHEVALIER, *à la Fleur.*

PArle; as-tu vu Finette?

LA FLEUR.

        Oui; mais près de Lucile:
Sa bonne volonté vous devient inutile;
C'eſt un eſprit, Monſieur, difficile à tel point,
Que ceux qui l'ont formé ne le connoiſſent point;
D'en percer les replis nul ne peut ſe promettre;
Car il démêle tout, & rien ne le pénétre.
Le vôtre y ſera pris, ne vous y jouez pas;
Croyez-moi, ſa couſine a cent fois plus d'appas.

LE CHEVALIER.

J'en conviens avec toi, je vois tout ſon mérite;
Je ſens qu'à l'adorer tout en elle m'invite;
Mais te dévoilerai-je un défaut de mon cœur?
L'inconſtance l'entraîne & change ſon ardeur.
J'en rougis, mais en vain; ma raiſon eſt moins forte,
Et ſur tous ſes conſeils cette pente l'emporte.
Ce vice, à la rigueur, eſt preſque général,
Et de l'humanité, c'eſt le penchant fatal.

Tout homme eſt inconſtant, toute femme eſt coquette ;

Chacun ſe fait de plaire une étude parfaite ;

Dès qu'on a réuſſi, ſi-tôt qu'on ſe l'eſt dit,

Le deſir perd ſa force, & l'amour ſon crédit :

On ne ſent plus le prix d'un cœur dont on eſt maître;

Et l'on ceſſe d'aimer dès qu'on eſt ſûr de l'être.

Notre ame s'aſſoupit dans la ſécurité ;

Il faut du changement & de la nouveauté,

Pour tirer nos eſprits de cette létargie ;

Il faut qu'un autre objet leur redonne la vie.

Le cœur, comme les yeux, fuit l'uniformité,

Et le plaiſir eſt fils de la variété.

    L A F L E U R.

A table, bon.

     L E C H E V A L I E R.

      J'y ſuis porté par la nature;

La Marquiſe long-tems m'a plû par la figure;

Sa couſine aujourd'hui me charme par l'eſprit.

Oui; plus que la beauté je ſens qu'il l'embellit;

Cet eſprit eſt ſi fin, qu'il paſſe le mien même;

Et l'amour qu'il allume eſt d'autant plus extrême,

Qu'il attache les ſens par d'inviſibles nœuds,

Et fait ſentir ſa flamme indépendamment d'eux.

    L A F L E U R.

Sa vue eſt pénétrante, & votre caractère....

    L E C H E V A L I E R.

Pour ſurprendre les cœurs je ſçai me contrefaire;

Sous un maintien modeste, & sous un air discret,
J'ai l'art de déguiser un naturel coquet.
Ce talent séducteur trompe la plus habile;
Je crois n'être pas mal déjà près de Lucile;
Si mon ame soupire après son entretien,
Je m'aperçois aussi qu'elle goûte le mien;
Elle quitte avec moi cet air caché qu'on blâme,
Et je lis couramment dans le fond de son ame:
Mais je la vois qui vient; la Fleur, retire-toi.

SCENE V.

LUCILE, LE CHEVALIER.

LUCILE, *à part.*

VOilà le Chevalier. Qu'il paroît plein de foi!
Pour rire à ses dépens, faisons lui politesse.
(*haut.*)
Monsieur, toute la France à vous louer s'empresse.
LE CHEVALIER.
Moi, Madame!
LUCILE.
Oui, de vous, Paris est enchanté.
A la Ville, à la Cour, votre nom est fêté;
Et l'on trouve vos vers d'une beauté charmante.
LE CHEVALIER.
Vous vous moquez de moi.

LUCILE.

        Non, par tout on les vante,

LE CHEVALIER.

C'eſt une bagatelle.. On en fait trop de cas..

Ce n'eſt pas mon métier, il ne me convient pas.

LUCILE.

Chevalier ; point de fauſſe & vaine modeſtie.

C'eſt la choſe du monde en ſoi la plus jolie.

LE CHEVALIER.

Jolie, & rien de plus. Je ſçai l'apprécier,

Et ce ſont de ces vers qu'on fait pour s'égayer.

A propos de ſaillie & de vers de rencontre,

En voici de nouveaux qu'il faut que je vous montre,

LUCILE.

Voyons, ſincérement j'en dirai mon avis.

LE CHEVALIER.

Perſonne, mieux que vous, n'en.peut ſentir le prix,

     (*Il lit.*)

     Une linotte enchantereſſe

Embraſoit un ſerin de l'amour le plus vif;

    Elle ignoroit l'excès de ſa tendreſſe ;

Et notre oiſeau n'étoit qu'amant contemplatif.

Loin de montrer l'orgueil de ceux de ſon eſpece,

    Et d'être fier de ſon talent,

Il n'oſoit faire entendre auprès de ſa maîtreſſe

Les éclats redoublés de ſon goſier brillant.

LUCILE.

Ah! L'aimable ſerin! J'aime ſon caractere;

Il est sage, modeste, & mérite de plaire.

LE CHEVALIER.

Vous me faites pour lui naître un espoir flatteur.

LUCILE.

Lisez ; je m'intéresse à sa secrette ardeur.

LE CHEVALIER, *reprend avec entousiasme.*

Une linotte enchanteresse
Embrasoit un serin de l'amour le plus vif ;
 Elle ignoroit l'excès de sa tendresse ;
Et notre oiseau n'étoit qu'amant contemplatif.
Loin de montrer l'orgueil de ceux de son espece,
 Et d'être fier de son talent ,
Il n'osoit faire entendre auprès de sa maîtresse
Les éclats redoublés de son gosier brillant.
Enchanté de ses sons , charmé de sa finesse ,
 Il se bornoit à l'écouter.

 Son trop d'amour le rendoit bête ;
Mais il vint un moment dont il sçut profiter.
 Ils se trouverent tête à tête ,
 L'occasion l'enhardit à chanter.
Linotte , de mon cœur recevez mon hommage,
 Lui dit-il , sur un ton pressant :
 Je n'ose vanter mon plumage ,
 On en voit de plus éclatant ;
 Mais , dans ce favorable instant ,
 Prêtez l'oreille à mon ramage ,
 Il n'en est point de plus touchant.

Tous les feux de l'amour ont paſſé dans mon chant,
Pour rendre mon bonheur extrême ,
     Et l'accord plus intéreſſant ,
Ramagez avec moi , ramagez , je vous aime.

LUCILE.

Que le chant du ſerin me paroît expreſſif !
Que répond la linotte ?

LE CHEVALIER.

         Eh ! Rien de poſitif.
Le timide ſerin attend qu'elle s'explique.

LUCILE.

Elle lui doit, ſans doute, une tendre replique.
Le ſort d'un tel oiſeau me touche tout-à-fait.

LE CHEVALIER.

Eh ! Faites-la pour elle, il ſera ſatisfait.

LUCILE,

Comment ?

LE CHEVALIER.

     De vous dépend ſa fortune qui flotte ;
Vous voyez le ſerin au pied de la linotte.

(*Il ſe jette à ſes pieds.*)

LUCILE, *à part.*

Mon cœur eſt révolté ; mais feignons aujourd'hui,
Et ſervons ma tendreſſe en nous moquant de lui.

     (*haut.*)

Levez-vous, Chevalier, l'attitude eſt gênante.

LE CHEVALIER, *ſe levant.*

De grace, en ma faveur, que la linotte chante.

LUCILE,

LUCILE.
Élle n'ose risquer de chanter après vous.
Elle craint que ses sons ne soient pas assez doux.

LE CHEVALIER.
A les rendre touchans je l'instruirai moi-même.

LUCILE, *à part.*
Ah! Vous m'attendrirez pour le moineau que j'aime.

LE CHEVALIER.
Mais, qui vient en ces lieux déranger nos accords?
O ciel! C'est la Marquise.

LUCILE.
Adieu, Monsieur; je sors.

LE CHEVALIER.
Avant que de partir, daignez d'un mot...

LUCILE.
Je n'ose

Faire à de jolis vers une réponse en prose.

SCENE VI.
LE CHEVALIER, LA MARQUISE.
LA MARQUISE.
A Lucile, Monsieur, vous parliez vivement,
Et dans l'instant que j'entre elle sort brusquement.
Vous paroissez vous-même interdit à ma vue.

LE CHEVALIER.

Madame, pardonnez si mon ame est émue ;
L'amour en moi…. l'amour produit seul cet effet ;
On n'aborde jamais, sans un trouble secret,
L'objet qui nous inspire une flamme parfaite.

LA MARQUISE.

Un discours si flatteur paroît une défaite.
Mais quel est ce papier qu'avec soin vous cachez?

LE CHEVALIER.

Ce sont des vers.

LA MARQUISE.

Voyons.

LE CHEVALIER, *embarrassé*.

Ils ne sont qu'ébauchés.

LA MARQUISE.

N'importe ; voyons-les.

LE CHEVALIER.

J'ai pour vous trop d'estime,
Et je veux leur donner le dernier coup de lime,
Avant que d'exposer….

LA MARQUISE.

Ah ! vous faites l'Auteur.

LE CHEVALIER.

Non, point du tout, Madame ; & ma juste frayeur…

LA MARQUISE.

De grace, finissez.

LE CHEVALIER, *à part*.

L'embarras est extrême.

LA MARQUISE.

Lifez-les donc, Monfieur, ou je les lis moi-mêmes

LE CHEVALIER.

Puifque vous le voulez, je vais.... vous ennuyer.

(Il fait femblant de lire.)

Un roffignol.....

LA MARQUISE.

Eh bien! pourfuivez, Chevalier.

LE CHEVALIER, *pourfuit.*

Un roffignol amoureux & fidèle....

Avec une jeune hirondelle...,

Innocemment s'entretenoit....

Pour....

LA MARQUISE.

Pour?

LE CHEVALIER.

Pour adoucir fà vive impatience....

Attendant la douce préfence....

De la fauvette qu'il aimoit.....

Elle paroît enfin.... l'hirondelle.....s'envole....

S'envole....

LA MARQUISE.

Après?

LE CHEVALIER, *s'interrompant.*

L'endroit eft raturé.

J'y fuis..

(Il continue.)

Le roffignol, à l'afpect défiré....

De la fauvette fon idole....

Q ij

Se tait . . . . paroît mal assuré . . . .
Elle interprête mal son trouble . . . . & son silence ;
C'est ainsi que trompé . . . . trompé par l'apparence ,
On forme un injuste soupçon.
Le hazard . . . . fait souvent porter à l'innocence
Les couleurs de la trahison.

LA MARQUISE.

Pour l'apprendre par cœur, donnez-moi cette fable;
Par sa moralité je la trouve admirable ;
Je sens qu'elle renferme une utile leçon.

LE CHEVALIER.

Je vais la mettre au net ; ce n'est-là qu'un brouillon.

LA MARQUISE.

Vous ne détruisez pas le soupçon de mon ame.

SCENE VII.

LA MARQUISE, LE CHEVALIER, FINETTE.

LA MARQUISE, *à Finette.*

Que voulez-vous?

FINETTE.

Pardon ; mais votre oncle, Madame,
Veut vous entretenir.

LE CHEVALIER.

Je crains fon brufque afpect ;
Je vais vous laiffer libre, & je fors par refpect.

SCENE VIII.

LA MARQUISE, FINETTE.

LA MARQUISE.

Quel fera le fujet d'une telle entreyue ?
L'entretien de tantôt me fait craindre fa vue.

FINETTE.

Pour moi, je crois plutôt qu'il veut le réparer :
Il vient ; fon air ferein doit feul vous raffurer.

SCENE IX.

LE COMMANDEUR, LA MARQUISE, FINETTE.

LE COMMANDEUR, à *Finette*.

Retirez-vous ; je veux parler seul à ma Niéce.

SCENE X.

LE COMMANDEUR, LA MARQUISE.

LE COMMANDEUR.

Vers vous, en ce moment, conduit par ma
      tendresse ,
Je viens vous faire arbitre , & remettre en vos mains
Le sort de ma Maison , & vos propres destins.

LA MARQUISE,

En vérité, Monsieur, vous me rendez confuse,
Vous seul vous suffisez , souffrez que je refuse,

LE COMMANDEUR.

Trêve de modestie ; employons mieux le tems,
Je me suis bien trouvé de vos conseils prudens.
Pour commencer par vous, qui m'êtes la plus chere,
J'ai fait choix d'un parti, qui, je croi, doit vous plaire,

Le Baron, par son rang, ses qualités, son bien,
Paroît digne, avec vous, de former ce lien ;
Et je viens de quitter la Comtesse, sa tante,
Qui desire ardemment cette union charmante.
Votre beauté répond du cœur de son Neveu ;
Ma main, pour vous unir, n'attend que votre aveu.

LA MARQUISE.

Monsieur, & ma cousine ?

LE COMMANDEUR.

   A l'égard de Lucile,
J'avois pour elle en main un mariage utile ;
Avec elle tantôt je m'en suis expliqué ;
Mais mon œil attentif croit avoir remarqué
Que l'époux proposé ne plaît pas à sa vue.
Son inclination...

LA MARQUISE.

   Vous est-elle connue ?

LE COMMANDEUR.

Nón. Comme je prétends sur elle me régler,
J'ai voulu, mais en vain, l'obliger de parler.
Les filles, qui toujours outrent leur caractère,
Péchent par trop causer, ou bien par trop se taire.
Lucile, sous l'air feint de la soumission,
A ce dernier défaut dans la perfection.
Combattant mes bontés par des respects frivoles,
Son cœur ne m'a rien dit en plus de cent paroles.

Q iv

Il prétend que mon choix décide seul du sien,
Et n'avoir, malgré moi, d'autre goût que le mien.
Je lui donne à choisir, il ne veut point élire.

LA MARQUISE.

Mais vous me permettrez, mon oncle, de vous dire,
Puisque vous voulez bien prendre de mes conseils,
Qu'en elle j'applaudis des sentimens pareils.
Vous sçavez, mieux que moi, qu'une fille bien née
Doit laisser par les siens régler sa destinée.

LE COMMANDEUR.

Elle doit commencer par leur ouvrir son cœur,
Et les laisser après maîtres de son bonheur.
Lucile veut tromper ma bonté naturelle,
Et moi, je veux la rendre heureuse en dépit d'elle.
Son ame est prévenue, elle a beau le nier;
Et je crois, entre nous, que pour le Chevalier,
D'un feu vif & secret son ame est possédée.

LA MARQUISE, *avec trouble.*

Vous le croyez, Monsieur. D'où vous naît cette idée?

LE COMMANDEUR.

Tantôt, en le nommant, j'ai vu rougir son front;
Et j'en juge, d'ailleurs, par l'acceuil qu'ils se font.

LA MARQUISE.

Mais n'en jugez vous pas sur des preuves plus sûres?

LE COMMANDEUR.

Non. Je forme, au hasard, de simples conjectures,

Pour éclaircir la chose, il faut que vous m'aidiez ;
Ses secrets bien plutôt vous feront confiés,
Voyez votre cousine, entre vous autres femmes,
Vous avez moins de peine à dévoiler vos ames ;
Une fausse pudeur vous retient devant nous ;
Dites-lui bien qu'il faut qu'elle nomme une époux,
Et que...

LA MARQUISE.

Je la verrai.

LE COMMANDEUR.

Qu'elle y prenne bien garde.
Parlons présentement de ce qui vous regarde ;
Il doit mettre le comble aux plus vifs de mes vœux.
Vous ne répondez rien, & vous baissez les yeux.

LA MARQUISE.

Pour vous, ma déférence en tout doit être entiere ;
Mais j'ose, sur ce point, vous faire une priere :
C'est de ne pas si-tôt me priver du bonheur
De vivre auprès de vous, ma plus grande douceur.

LE COMMANDEUR.

Vous n'y vivrez pas moins, quoique je vous marie,
Mon dessein, avec vous, est de finir ma vie.

LA MARQUISE.

Ce discours me console, & rassure mes sens,
Monsieur, je dois encor vous demander du tems.

LE COMMANDEUR.

Du tems! Vous m'étonnez avec un tel langage.

LA MARQUISE.

Vous fçavez les devoirs attachés au véuvage.
Depuis huit mois au plus, j'ai perdu mon mari ;
Vous voyez que mon deuil n'eſt pas encore fini,
Je bleſſerois les loix que le monde révére,
Et foulerois aux pieds la bienſéance auſtère...

LE COMMANDEUR.

Fort bien. Nous y voilà. J'ai deux Niéces, je veux,
Par des nœuds aſſortis, rendre leur ſort heureux;
L'une me fait tourner l'eſprit par ſon ſilence,
Et l'autre m'aſſaſſine avec ſa bienſéance.
Je ſuis bien malheureux d'avoir un cœur ſi bon,

LA MARQUISE.

Mais, Monſieur...

LE COMMANDEUR.

Mais, Monſieur; contre toute raiſon,
Vous venez me donner de ce terme perfide,
Dans le tems que pour vous mon amour ſeul me
guide.
J'enrage.

LA MARQUISE.

Mais, comment faut-il donc vous nommer?

LE COMMANDEUR.

Mon oncle : c'eſt le nom qui peut ſeul me charmer,
Entre parens, ſur-tout, je hais la politeſſe ;
Elle accroît les égards pour chaſſer la tendreſſe :
Sous le nom de Madame, & celui de Monſieur,

Elle établit la gêne, elle endurcit le cœur
Des peres, des époux, des meres & des filles,
Et les rend étrangers au sein de leurs familles.
Sur ce chapitre-là, je veux qu'on soit bourgeois;
Qu'en tout, de la nature on respecte les droits;
Et qu'à ses mouvemens, sans crainte on s'abandonne,
Qui rougit d'employer les titres qu'elle donne,
Joint bien-tôt, en secret, à ce mépris honteux,
L'oubli des sentimens qu'elle attache avec eux.

LA MARQUISE.

Dans mon ame jamais rien ne pourra détruire
Ceux que vous méritez, & que le sang m'inspire;
Ils sont indépendans de toute expression;
Leur force est dans le cœur, & non pas dans le nom.
Monsieur, je vous appelle ainsi, par déférence
A l'usage qu'on suit, & qu'on nomme décence.

LE COMMANDEUR.

C'est la fausse décence, & qui n'est qu'un jargon;
La solide, la vraie, est la droite raison;
L'autre doit son pouvoir à l'effet du caprice:
Et je ne vois rien, moi, d'indécent que le vice;
Ou plutôt, les dehors que je ne puis souffrir,
Sont un voile trompeur qui sert à le couvrir.
La probité, l'honneur, la vertu, la droiture,
N'ont pas besoin de fard, de mouche & de-parure,
Je n'abhorre rien tant que les airs circonspects;
Et ces gens si polis me sont toujours suspects:

Dans leur ame, en secret, la fausseté réside;
Pour tromper les regards, la décence perfide
Décore leurs façons d'un vernis séducteur;
C'est de l'hypocrisie une trompeuse sœur;
Et ce monstre formé par une longue étude,
Naquit d'un courtisan, & d'une fausse prude.

LA MARQUISE.

Ah! Vous défigurez la décence à mes yeux,
Et je la méconnois à ces traits odieux.
Celle que je pratique, & dont je suis amie,
Est fille du devoir & de la modestie;
De la sagesse même elle guide les pas,
Et la pudeur reçoit d'elle tous ses appas.
Ce n'est pas sans raison qu'en France on la révére:
Elle est si respectable, elle est si nécessaire,
Que le vice a besoin, dans sa difformité,
D'emprunter ses couleurs pour être supporté;
Et qu'enfin la vertu qui n'en est pas aidée,
Perd son plus grand éclat, & paroît dégradée.
C'est peu, Monsieur, c'est peu d'en être l'ornement;
Elle en est le soutien, ainsi que l'agrément;
J'ose même avancer qu'elle en forme l'essence:
Son pouvoir met lui seul un frein à la licence.
Dans toutes les maisons, & dans tous les états,
Elle fait régner l'ordre, & craindre les éclats,
Elle régle les rangs & la prééminence,
Fait le respect humain, dont tout sent la puissance,

Soumet les passions, & son joug respecté,
Est le plus ferme appui de la société.
Bannissez les dehors & les égards du monde,
Vous le verrez rentrer dans une horreur profonde;
Et les hommes rendus à leur férocité,
Etoufferont bien-tôt jusqu'à l'humanité.
L'Europe, à nos regards, perdra son avantage,
Et, plus que l'Amérique, elle sera sauvage.

       LE COMMANDEUR.

Ces discours sur mon ame, ont un attrait puissant,
Et je sens, malgré moi, que je deviens décent.
Comme un légiflateur vous raisonnez, ma niéce;
Lorsqu'on parle si bien, on doit être maîtresse.
Du pouvoir en vos mains, allons, je me démets,
Et de tout, sans appel, décidez déformais.
Quand elles pensent bien, rien n'égale les Dames:
Et pour bien gouverner, ma foi, vive les femmes.

Fin du troisieme Acte.

ACTE IV.

SCENE PREMIERE.

LE CHEVALIER, LUCILE.

LE CHEVALIER.

JE reviens près de vous, incertain, inquiet,
Vous demander réponse à l'aveu que j'ai fait ;
Ne la différez plus, songez que le tems presse ;
Peut-être n'avons-nous que l'instant qu'on nous laisse.

LUCILE.

Je voudrois, pour la faire, avoir votre talent,
Vous seriez, Chevalier, satisfait sur champ.

LE CHEVALIER.

Consultez votre cœur, que lui seul vous inspire.

LUCILE.

Depuis tantôt, Monsieur, puisqu'il faut vous le dire,
Pour répondre à vos vers, je creuse mon esprit,

Mais inutilement, & j'en ai du dépit.
Le Ciel m'a refusé l'art de la Poësie ;
Je n'ai pu seulement, malgré ma forte envie ,
Assembler au hasard des rimes sans raison ,
Ni payer votre fable au moins d'une chanson :
Et je suis....

LE CHEVALIER.

   Ce n'est pas une chanson, Madame ,
Que je veux aujourd'hui pour réponse à ma flamme.
Quelques lignes de prose, ou bien un mot flatteur ,
Rendront...

LUCILE.

   Ah! Chevalier, pour moi, quel deshonneur!
Par un méchant billet vouloir que je réponde
A des vers, selon moi, les plus charmans du monde.
Non, non, j'ai trop de gloire ; & je veux, par raison,
Me taire, ou m'acquitter de la même façon.

LE CHEVALIER.

Mais on peut vous aider, & vous tirer de peine.
Pour me répondre...

LUCILE.
Eh bien ?
LE CHEVALIER.

   Je vous offre ma veine ;
C'est un soin, volontiers, que je prendrai pour vous.
A ce qu'en votre nom je m'écrirai de doux ,
Vous aurez seulement la bonté de souscrire :

Je vous soulagerai du travail de le dire.

LUCILE.

La propofition eft neuve, affurément.

LE CHEVALIER.

J'attends, pour la remplir, votre confentement.

LUCILE.

Non, non, de votre feu vous ne feriez pas maître,
Et fur un tel fujet vous porteriez peut-être
Trop loin l'entoufiafme.

LE CHEVALIER.

Oh! N'appréhendez rien.
Je vous protefte ici d'affujétir le mien
Aux régles du devoir & de la bienféance,
Et de n'avancer rien dont la vertu s'offenfe.
Je vous eftime trop pour vous faire tenir
Un difcours hafardé dont vous puiffiez rougir.

LUCILE.

Monfieur, la Poëfie eft une libertine;
Je n'ofe me fier à ceux qu'elle domine.
Sans choquer la vertu, d'ailleurs la paffion
Peut fur les fentimens outrer la fiction.
Un rimeur qui pour lui fait parler une belle,
N'a garde, en fes difcours, de la faire cruelle;
Il ne peint pas fon cœur tel qu'il eft en effet;
Mais tel que pour fa flamme il le defireroit.

LE CHEVALIER.

Madame, à mon ardeur vous n'avez qu'à prefcrire

Cé

Ce que vous fouhaitez qu'elle vous faffe dire;
Elle fuivra le plan que vous lui tracerez;
Ce qui fera de trop, vous le fupprimerez:
Mon efprit ne fera que rimer votre profe.

LUCILE.

A ces conditions, je vous permets la chofe.
La réponfe....

LE CHEVALIER.

Parlez; dites-moi la façon
Dont je dois me l'écrire, & j'en prendrai le ton.

LUCILE.

Vous me ferez répondre en termes convenables,
Mais tendres....

LE CHEVALIER, *avec tranfport.*
Tendres!

LUCILE.

Oui, tendres & favorables
Aux doutes d'un amant qui veut être éclairci,
S'il plaît à ce qu'il aime, & qui n'eft point haï.
Je fens même un defir qui n'eft pas ordinaire,
D'avoir des vers, Monfieur, d'un pareil caractère.

LE CHEVALIER.

Vous ferez fatisfaite. En cet inftant flatteur,
Je ne puis exprimer l'excès de mon bonheur.
Votre bonté prefcrit à mon amour extrême,
D'en dire beaucoup plus qu'il n'eût ofé lui-même

R

Le plaifir que j'en ai, m'échauffe, m'enhardit ;
Et les feux de mon cœur enflamment mon efprit.
L'amour, le tendre amour, maître feul de ma veine,
M'infpire fes tranfports, & loin de moi m'entraîne;
Sur fes aîles déjà je me fens emporter.

LUCILE.

Je vais d'un fi beau feu vous laiffer profiter.

LE CHEVALIER.

Mon cœur va mettre au jour des vers dignes du vôtre,
Et veut, par fes efforts, l'emporter fur tout autre.

SCENE II.

LE CHEVALIER, feul.

TU vois, felon tes vœux, réuffir tes ardeurs.
Courage, Chevalier, écris-toi des douceurs :
Ufe, pour ton bonheur, du pouvoir qu'on te donne.
Marquife, pardonnez, fi je vous abandonne ;
Mais, malgré moi, je céde à des charmes plus forts,
Et je fuis trop heureux pour avoir des remords.
Rimons ; voici de l'encre. Allons, fans plus attendre,
Faifons-nous un aveu du ftyle le plus tendre.

(Il s'affied près d'une table, rêve quelque tems, puis écrit,
en récitant tout haut.)

Je ne veux qu'à vous feul révéler mon fecret.

Secret.... Je m'y réfous, quelque effort qu'il m'en coûte;
   Puisqu'il peut feul .... diffiper votre doute.

        (Il s'interrompt.)

Mon efprit, à préfent, cherche une rime en et.

        (Il écrit.)

Un cavalier .... charmant ...., fpirituel .... bienfait.

        (Il s'interrompt.)

Ce cavalier, c'eft moi .... Mais que lui fais-je dire?
Quand je ferois charmant, moi, dois-je me l'écrire?
Cette fatuité révolte la raifon :
L'amour propre eft toujours un mauvais Apollon ;

              (Il efface.)

Ce qu'il dicte d'abord, le bon fens le rature ;
La rime qui me fuit, me met à la torture ;
Tantôt pour la Marquife elle m'a mieux fervi ;
Je voulois la tromper, j'ai d'abord réuffi.
Quand on dit vrai, la rime eft lente dans fa courfe;
Mais, lorfqu'il faut mentir, les vers coulent de fource.

        (Il fe leve.)

On eft contraint affis, &, par d'étroits rapports,
L'efprit fe fent toujours de la gêne du corps.
Promenons-nous : déjà plus libre & moins timide ;
Mon génie, en marchant, prend un effor rapide ;
Le tout eft de faifir l'heureufe expreffion ;
La plus fimple, fouvent, rend mieux la paffion ;
Je la cherche à grand pas, & de tout mon génie....

                R ij

___

SCENE III.

LE CHEVALIER, FINETTE.

LE CHEVALIER, *saisissant les bras de Finette.*

Pour le coup, je la tiens.

FINETTE.

Doucement, je vous prie.

LE CHEVALIER, *dans l'entousiasme.*

Vous êtes constamment l'objet de mes desirs,
Et votre rencontre imprévue,
Me donne de certains plaisirs
Que je ne sens qu'à votre vue.

FINETTE.

Monsieur me fait à moi des déclarations !

LE CHEVALIER.

Fort bien ; je suis en verve. Allons, versifions.

FINETTE.

Il conte des douceurs, tour-à-tour, aux deux Niéces,
Et la Suivante encor, a part à ses tendresses :
C'est, vraiment, un délire, & chacune a son tour.

LE CHEVALIER, *continue.*

Je crois vous voir la nuit, je vous cherche le jour.
De tous ceux que je vois vous êtes le seul homme,
Dont les yeux & l'esprit me touchent tour-à-tour.

FINETTE.

Moi, je suis le seul homme! il perd l'esprit, je pense.

LE CHEVALIER.

Je suis fille, & je dois craindre la médisance.

FINETTE.

Mais vous extravaguez, Monsieur, en vérité.

LE CHEVALIER.

Je m'écris tout au mieux, & je suis enchanté.

FINETTE.

Parlez, Monsieur; l'amour avec la Poësie,
Vous ont-ils aujourd'hui brouillé la fantaisie?

LE CHEVALIER, *avec surprise.*

C'est Finette!

FINETTE.

Elle-même.

LE CHEVALIER.

Ah! j'enrage. Morbleu!
Elle vient m'interrompre au plus beau de mon feu.
Allons, vîte, chez moi, mettre fin à l'ouvrage;
Pour mon bonheur, après, j'en sçaurai faire usage.

SCENE IV.

FINETTE, *seule.*

JE vois préfentement qu'il étoit dans l'accès ;
A de pareils oublis ces Meffieurs font fujets.
Dans l'inftant qu'un Poëte à fon feu s'abandonne ,
Il fe perd dans la nue & ne connoît perfonne.
Aux écarts de l'efprit je pardonne aifément ;
Mais, quant à ceux du cœur, oh ! j'en penfe autre-
       ment.
L'inconftance eft, fur-tout, ce que je défapprouve ;
Et, dans ce dernier cas, le Chevalier fe trouve.
Je viens de dévoiler fon infidélité
Aux yeux de la Marquife ; & fa jufte fierté
Doit, pour venger l'honneur de fa flamme trahie ,
Le punir par mépris, & non par jaloufie :
Pour elle, vivement, je reffens cet affront.
Je la vois ; la trifteffe eft peinte fur fon front.

SCENE V.

LA MARQUISE, FINETTE.

LA MARQUISE.

Dans le trouble où je suis, que faut-il que je faſſe?

FINETTE.

Ce que feroit Finette étant à votre place ;
Je le ſacrifierois à mon juſte dépit :
Dès qu'il eſt infidele, il doit être proſcrit.

LA MARQUISE.

Je crains l'éclat, Finette ; & mon ame incertaine...

FINETTE.

Ah! Vous craignez plutôt de briſer votre chaîne,
Et de ne plus revoir un ingrat trop chéri,
Qui regne encor ſur vous malgré l'amour trahi.
Voilà, voilà l'éclat que votre cœur redoute ;
Mais, Madame, il faut vaincre, & quoiqu'il vous
    en coûte,
L'effacer à jamais, de votre ſouvenir ;
Et je veux vous aider, moi-même, à l'en bannir,
Son crime eſt avéré, votre gloire eſt commiſe ;
Prononcez ſon arrêt, ſans pitié, ni remiſe ;
Il brûle pour Lucile, & par reſſentiment,
De l'infidélité comblez le châtiment.

R iv

Pour mieux punir ſa flamme,& pour venger la vôtre,
Faites que dès ce ſoir elle en épouſe un autre.
LA MARQUISE.
L'aime-t-il en effet?
FINETTE.
Tout vous l'a confirmé;
Son valet me l'a dit.
LA MARQUISE.
Mais en eſt-il aimé?
Dis, ne me cache rien; ſans cette certitude,
Je ne puis rien réſoudre en mon inquiétude.
FINETTE.
Pour le ſçavoir, tantôt j'ai fait ce que j'ai pu;
Mais j'ai tenté, près d'elle, un effort ſuperflu.
LA MARQUISE.
Il faut, moi-même, il faut que je parle à Lucile;
Je connois les détours de ſon ame ſubtile;
Mais mon amour m'éclaire, & m'inſpire un moyen,
Qui, peut-être, vaincra l'artifice du ſien.
Cours, vole, de ma part, la prier de deſcendre;
C'eſt de cet entretien que mon ſort doit dépendre.

S C E N E V I.

LA MARQUISE, *feule.*

Amour, jufqu'à quel point avilis-tu mon cœur!
Je ne puis plus cacher mon trouble intérieur ;
Et je crains que le foin dont je fuis dévorée,
Ne me trahiffe aux yeux de Lucile éclairée.
Mais quel que foit mon feu, mon front doit fe voiler,
Prenons un air ouvert pour mieux diffimuler ;
Et tâchons d'oppofer la rufe à la fineffe,
L'art au déguifement, & la feinte à l'adreffe.
Je la vois qui paroît ; je tremble à fon afpect ;
On diroit que c'eft moi qui lui dois du refpect.

S C E N E V I I.

LA MARQUISE, LUCILE.

LUCILE, *à part.*

Rendons-nous, de nos fens, maîtreffe en fa pré-
      fence,
Et craignons de parler même par mon filence.
      (haut.)
Ma coufine, on m'a dit que vous me demandiez.

LA MARQUISE.

Oui ; comme par le fang nos deux cœurs font liés,
Et qu'ils le font encore beaucoup plus par l'eftime ;
Le mien s'adreffe à vous dans le foin qui l'anime.
Attentif à fa gloire, il craint trop le danger
De verfer fon fecret dans un fein étranger :
Vous feule méritez d'avoir fa confidence ;
Le vôtre, par retour, me doit fa confiance ;
L'une & l'autre, par-là, nous nous entr'aiderons,
Et mutuellement nous nous éclairerons.

LUCILE.

J'accepte avec tranfport l'offre que vous me faites ;
Vous avez prévenu mes volontés fecretes.
J'ai peu d'expérience & manque de clarté,
Mais vous pouvez compter fur ma fincérité.

LA MARQUISE.

Eh bien! Lucile, eh bien! puifqu'il faut vous l'ap-
      prendre,
J'aime fecretement de l'amour le plus tendre.

LUCILE.

Et vous êtes aimée?

LA MARQUISE.

      Oui ; ce bonheur fi doux
Eft à préfent parfait, puifqu'il eft fçu de vous.

LUCILE.

Ah! croyez que j'y prends plus de part que tout
      autre.

LA MARQUISE.

J'en suis sûre, & je veux tout faire pour le vôtre,

LUCILE.

Marquise, apprenez-moi le nom de votre amant,
Je sentirai pour vous ce bien plus vivement.

LA MARQUISE.

Volontiers; mais, Lucile, avant de vous le dire,
Je veux vous témoigner le zèle qui m'inspire,
Et remplir, envers vous, un devoir important.
Mon oncle, par ma voix, vous presse, en cet instant,
De ne point retarder le bien qu'il veut vous faire :
Son amitié parfaite, & sa bonté sincère,
Loin de gêner vos vœux pour choisir un époux,
Du soin d'en décider se reposent sur vous.

LUCILE.

Vous-même, guidez-moi dans cette grande affaire.

LA MARQUISE.

J'y consens; mais il faut que votre cœur m'éclaire :
Songez que son repos s'y trouve intéressé.
Je vois plus d'un amant à vous plaire empressé :
N'en est-il pas quelqu'un qu'il trouve préférable ?
C'est de-là que dépend votre bien véritable.
Sur ce point capital interrogez-le bien.

LUCILE.

J'ai beau l'interroger, il ne me répond rien.

LA MARQUISE.

Vous payez mal l'aveu que je viens de vous faire ;
De vos vrais sentimens vous me faites myſtère ;
Et vous mériteriez que, pour vous en punir,
Je trompaſſe vos vœux, au lieu de les ſervir ;
Mais, je vous aime trop pour uſer de ſurpriſe,
Et je vous dois plutôt des leçons de franchiſe :
Pour vous en donner une, en ce même moment,
Apprenez qu'avec moi vous feignez vainement ;
A travers vos détours, que mon amitié blâme,
J'ai ſçû développer les replis de votre ame.

LUCILE, *à part.*

Elle obſerve mes yeux ; ferme dans cet inſtant,
Ce n'eſt qu'un piége adroit que ſon eſprit me tend.

LA MARQUISE.

En vain, ſous un air gai, votre ame ſe déguiſe ;
D'une ſecrete ardeur je vois qu'elle eſt épriſe ;
Et, malgré vous, ce feu plus fort que tout votre art,
Se peint ſur votre front & dans votre regard :
Je connois, qui plus eſt, celui qui l'a fait naître.
Vous rougiſſez toujours en le voyant paroître ;
Chaque mot qu'il vous dit, accroît votre rougeur,
Et ſon éloignement vous donne un air rêveur.

LUCILE, *à part.*

Ses regards, en effet, m'auroient-ils démêlée ?

LA MARQUISE.

Vous gardez le silence, & paroissez troublée.

LUCILE.

La fiction sur moi n'eut jamais de pouvoir,
Et la vérité seule a droit de m'émouvoir.

LA MARQUISE.

Votre ame, je le vois, est dans la défiance ;
Et vous croyez ici que tout ce que j'avance,
N'est rien qu'un discours vague & qu'un piége in-
       venté
Pour surprendre, avec art, votre sincérité ?
Mais, pour vous détromper d'un soupçon qui m'ou-
       trage,
Je vais peindre à vos yeux l'amant qui vous engage ;
Et vous allez juger si je suis bien au fait.
Il a l'air noble & fin, il est grand & bien fait ;
Un charme répandu sur toute sa personne,
Prévient pour lui d'abord.

LUCILE, à part.

        Elle se passionne :
On diroit qu'elle peint son amant dans le mien.

LA MARQUISE.

Il n'est point de regard plus tendre que le sien ;
De l'esprit, il en a plus qu'on ne sçauroit dire :
Nul autre, comme lui, n'a le talent d'écrire ;
Sa prose est séduisante, & ses vers sont heureux.

Il excelle, fur-tout, dans le genre amoureux ;
Son ton infinuant, fa voix enchantereffe ;
Jufques au fond des cœurs va porter la tendreffe.
Hem ! Prenez-vous ces traits pour une fiction?
Et le portrait eft - il d'imagination ?

LUCILE, *à part.*

Ce n'eft pas le Baron que fon efprit foupçonne ;
Mais elle peut l'aimer.

LA MARQUISE.

Ce difcours vous étonne ?

LUCILE, *à part.*

Feignons, pour achever de démêler fon cœur ;
Et, par un faux aveu, confirmons fon erreur.

LA MARQUISE.

Raffurez vos efprits. Parlez. Cette peinture ;
Comment la trouvez-vous?

LUCILE.

Elle eft d'après nature.

LA MARQUISE.

Et d'après votre cœur. Vous y reconnoiffez ...

LUCILE.

Qui donc ?

LA MARQUISE.

Le Chevalier. C'eft lui... Vous rougiffez!
Vous êtes, à ce nom, & tremblante & furprife !

LUCILE.

(à part.)   (haut.)

Vous l'êtes plus que moi. Ménagez-moi, Marquise;
On rougiroit à moins.

LA MARQUISE.

Calmez votre frayeur ;
Le Chevalier, au fond, mérite votre ardeur.
J'applaudis votre choix, & je ſçai qu'il vous aime:
Il brûle d'être à vous... il me l'a dit lui-même,
Vous n'avez qu'à parler pour être unie à lui:
L'aimez-vous en effet? Répondez, Lucile.

LUCILE.

Oui:

LA MARQUISE, à part.

Qu'entends-je?

LUCILÉ, à part.

Elle n'eſt pas, à coup sûr, ma rivale:
Sa douleur me l'apprend. Ma joie eſt ſans égale.

LA MARQUISE, à part.

Cachons à ſes regards mon juſte déſeſpoir.

LUCILE.

Mon cœur a pénétré ce qu'il vouloit ſçavoir.
Ceſſons préſentement de feindre l'une & l'autre,
Et que ma confiance attire enfin la vôtre.
Votre bouche voudroit déguiſer vainement,
Par ſon trouble marqué, votre front la dément,

Et déclare tout haut que vous aimez vous-même
L'amant trop fortuné que vous croyez que jaime.

LA MARQUISE.

Non, non ; ce n'est pas lui.

LUCILE.

Marquise, imitez-moi ;
Je suis vraie à présent, soyez de bonne foi.

LA MARQUISE.

Vous formez, ma cousine, un soupçon qui me blesse.
(à part.)
Gardons-nous d'avouer qu'il obtient ma tendresse,
Elle en seroit trop vaine ; & mon orgueil jaloux
Veut dérober au sien un triomphe si doux.

LUCILE.

Je ne dois plus laisser votre cœur dans la gêne ;
J'ai déjà trop long-tems joui de votre peine,
Apprenez...

LA MARQUISE.

Vos discours ne m'éblouiront pas.

LUCILE.

Je veux plutôt, je veux finir votre embarras.
Loin d'avoir de l'amour...

LA MARQUISE.

Que votre esprit, Lucile,
S'épargne l'art grossier d'un détour inutile.

LUCILE.

LUCILE.

Non; je veux vous parler avec sincérité.

LA MARQUISE.

Pour servir de trophée à votre vanité,
Vous souhaiteriez fort aujourd'hui que j'aimasse
L'amant qui vous adore, & que je l'avouasse;
Mais, non; vous n'aurez pas un plaisir si flatteur,
Et votre Chevalier ne peut rien sur mon cœur.

LUCILE.

Je sçai que vous l'aimez, vous l'avez dit vous-même.

LA MARQUISE.

Je ne puis le nier, il est trop vrai que j'aime;
Mais un plus digne objet a soumis ma raison;
Et sçachez que mon cœur brûle pour le Baron;
Son nom me justifie. Adieu, je me retire;
Je vous ai satisfaite, & n'ai plus rien à dire.

SCENE VIII.

LUCILE, *seule.*

Elle aime le Baron! croirai-je cet aveu!
Ah! s'il est vrai, j'ai tout à craindre de son feu;
Mais, non; elle a voulu, par un motif de gloire,
Dérober à mes yeux sa honte & ma victoire.
Tout doit me rassurer sur sa rivalité,

S

Et son trouble lui seul fait ma tranquillité.
Ne doit-il pas plutôt inquiéter mon aîné;
Et crois-je ma conduite exempte de tout blâme?
Je viens de lui porter les plus sensibles coups;
Et par-là je m'expose à ses transports jaloux.
Mais sa sincérité pouvoit m'être fatale;
J'avois lieu de penser qu'elle étoit ma rivale;
Il m'étoit important de la bien démêler,
Et, pour y réussir, j'ai dû dissimuler.
Non; j'ai beau me flatter; on n'est point excusable
D'avouer une ardeur qui n'est point véritable.
J'ai poussé l'art trop loin, & vois, dans ce moment,
Qu'à force de finesse, on gâte tout souvent;
Qu'à se cacher en vain mon esprit se fatigue,
Et qu'il pourra se voir la dupe de l'intrigue.
La Marquise, après tout, peut s'unir au Baron;
Ils sont faits l'un pour l'autre... Arrêtez, ma raison;
Éloignez de mes yeux cette image cruelle,
Elle remplit mes sens d'une frayeur mortelle.
Rentrons pour terminer d'inutiles débats;
Le doute est le seul fruit de tous ces durs combats;
Et je sens vivement, par leur rigueur extrême,
Qu'on n'a point de censeur plus cruel que soi-même.

Fin du quatrieme Acte.

ACTE V.

SCENE PREMIERE.

LUCILE, *seule*.

MOn trouble, aux mêmes lieux, m'oblige à revenir ;
Et, quelque part qu'on aille, on ne sçauroit se fuir.
Ecrivons au Baron, la chose est nécessaire ;
L'aveu de la Marquise est peut-être sincère.
S'il est vrai, je crains tout, ma flamme est en danger ;
S'il est faux, je la plains, & je veux la venger.
Le cœur du Chevalier est trop indigne d'elle,
Et je dois à ses yeux démasquer l'infidele.
Mais que veut ce valet ?

SCENE II.

LUCILE, LA FLEUR.

LA FLEUR.

Monsieur le Chevalier M'a chargé de vous rendre en secret ce papier, Madame.

LUCILE.

Il est exact à tenir sa promesse.

LA FLEUR.

Que dirai-je à mon maître ?

LUCILE.

Un moment; qu'on me laisse.

(*La Fleur s'éloigne.*)

(*Elle lit.*)

Voilà, charmante Lucile, la réponse où mon sort est attaché ; si vous l'adoptez, daignez au plutôt m'en envoyer une copie de votre main, & mettre par-là le comble à mon bonheur.

Je ne veux qu'à vous seul révéler mon secret ;
J'aime ; ce mot vous dit d'être discret,
Et vous prouve ma confiance.
Ne vous alarmez pas de cette confidence,
Vous auriez tort d'en paroître jaloux.

L'amour que je reſſens, je le reſſens pour vous.
  Je vous nomme ſans que j'y penſe ;
  Je ſouffre à regret votre abſence,
Et ſens, à votre aſpeƈt, les tranſports les plus doux :
  J'ai du plaiſir à vous l'écrire,
  Et j'en aurai ſi vous venez ce ſoir,
J'en aurai cent fois plus encore à vous le dire,
Puiſque je jouirai de celui de vous voir.
        (*après avoir lu.*)
Oui ; voilà juſtement les vers que je deſire.
        (*à la Fleur qui s'approche.*)
Le Chevalier m'oblige, & vous pouvez lui dire
Que j'approuve ſes vers, que je les copirai,
Et qu'il peut être ſûr que je les enverrai.

SCENE III.

LA FLEUR, *ſeul.*

ELle va les écrire, & par une autre voie,
Mon maître les aura. Quelle ſera ſa joie !
Mais j'apperçois Finette ; elle a l'air agité.

SCENE IV.

LA FLEUR, FINETTE.

LA FLEUR.
MA reine, où courez-vous d'un pas précipité?
FINETTE.
Je vais chez le Notaire. Adieu, le tems me preffe.
LA FLEUR.
Qui t'a donné cet ordre? inftruis moi.
FINETTE.
Ma maîtreffe.
LA FLEUR.
Pour elle?
FINETTE.
Pour Lucile; on va la marier.
LA FLEUR.
A qui donc?
FINETTE.
Je ne fçai; peut-être au Chevalier.
LA FLEUR.
On fera plutôt choix d'un autre par vengeance.
La Marquife eft trahie, & felon l'apparence....
FINETTE.
Son efprit eft capable, en dépit de fes feux,
De fe vaincre par gloire, & de le rendre heureux.
LA FLEUR.
Ce trait eft au-deffus des forces d'une femme.
FINETTE.
Tu connois mal, la Fleur, la trempe de notre ame;

Pour les plus grands efforts elle est formée exprès,
Et nous vous surpassons toujours dans les excès.

LA FLEUR.

Dans le mal, j'en conviens ; dans le bien, je le nie.

FINETTE.

Maraud !

LA FLEUR.

On sent son tort si-tôt qu'on injurie ;
Mais je m'amuse trop, le Chevalier m'attend.

FINETTE.

Va, va, tu me payras ce discours insultant.

LA FLEUR.

Mon maître me prévient ; je le vois qui s'avance ;
Dans ses yeux inquiets on lit l'impatience.

FINETTE.

L'aspect de l'infidele offense mes regards.
Adieu.

LA FLEUR.

Finette aussi donne dans les égards.

SCENE V.

LE CHEVALIER, LA FLEUR.

LE CHEVALIER.

TA lenteur en ces lieux m'oblige de me rendre.
Quel accueil a-t-on fait à mes vers ?

LA FLEUR.

Le plus tendre.

S iv

Lucile eſt enchantée.

LE CHEVALIER.

Et, ſont-ils copiés ?

LA FLEUR.

Non ; mais ils vous feront au plutôt envoyés ;
Au moment où je parle elle doit les écrire.

LE CHEVALIER.

Dis-tu vrai ?

LA FLEUR,

Monſieur, oui.

LE CHEVALIER.

Comme je le deſire ;
Je vais, je vais donc voir ce caractère aimé,
Adorer chaque trait que ſes doigts ont formé !
Je vais baiſer enfin, d'une levre preſſante,
L'heureux papier qu'aura touché ſa main charmante.

LA FLEUR.

Quel tranſport !

LE CHEVALIER.

✳ Mes talens m'en deviennent plus.chers.
Qu'on diſe après cela, qu'on diſe que les vers
Sont d'un foible ſecours dans l'amoureux myſtère,
Et que l'art de rimer nuit à celui de plaire ;
Qu'enflammer le beau ſexe eſt aujourd'hui le lot
Qu'obtient l'étourderie, ou qui tombe au plus ſot ;
Et que le titre ſeul d'Auteur & de Poëte,
Suffit pour échouer près de la plus coquette.
C'eſt une erreur groſſiere. A ce ſexe enchanteur
Rendons plus de juſtice, & faiſons plus d'honneur,

On fçait que de l'efprit il eft juge fuprême ;
Et , pour ne pas l'aimer , il en a trop lui-même.
Le goût eft fon partage , avec le fentiment ;
Et , pour lui plaire , il faut s'exprimer finement.

LA FLEUR.

Il faut d'autres vertus ; & la femme eft formée....

LE CHEVALIER.

Ce n'eft que par degrés qu'une belle eft charmée,

LA FLEUR.

Par le premier coup d'œil fon cœur eft entraîné.

LE CHEVALIER.

Oui ; mais, par l'entretien , il eft déterminé.
Si les fens ont le droit d'allumer la tendreffe,
Le difcours la nourrit & l'augmente fans ceffe :
Quand ils foutiennent feuls un commerce amoureux,
Un jour le voit former & s'éteindre avec eux.
L'efprit établit feul les paffions durables ;
Il rend feul les amans folidement aimables,
Et quiconque d'Ovide a le talent flatteur,
S'il le fçait employer, eft fûr d'être vainqueur.

LA FLEUR.

Si tous les beaux efprits avoient votre figure,
La victoire, Monfieur, me paroîtroit plus fûre.

LE CHEVALIER.

Un art fi féducteur fuffit pour l'affurer ;
Et qui chante l'amour, a droit de l'infpirer.

SCENE VI.

LE CHEVALIER, LE BARON.

LE BARON.

CHevalier, je te cherche, & mon ame est ravie;
Ecoute.

LE CHEVALIER.

Je ne puis.

LE BARON.

Il le faut, je t'en prie;
Et je viens exiger un service de toi :
Ce sont des vers qu'il faut que tu fasses pour moi.

LE CHEVALIER.

Des vers pour toi! La chose est assez singuliere.

LE BARON.

Oui, pour moi. Tu ne peux refuser ma priere.

LE CHEVALIER.

Une affaire me presse, & je n'ai pas le temps.

LE BARON.

Oh! Tu dois tout quitter pour moi dans ces instans,

LE CHEVALIER.

Rimer est au-dessous d'un homme de naissance.

LE BARON.

Sans rancune; ces vers sont pour moi d'importance;
L'amour & l'amitié t'en pressent vivement.

LE CHEVALIER.

L'amour!

LE BARON.

Oui. C'eft, ami, pour un objet charmant.
On m'ordonne fur-tout de garder le filence,
Et ce n'eft qu'à toi feul que j'en fais confidence.
Comme, pour des raifons que tu ne peux fçavoir,
Elle m'a défendu depuis peu de la voir,
J'ai près d'elle, tantôt, porté mes vives plaintes,
Et témoigné tout haut les doutes & les craintes
Que faifoit naître en moi cet excès de rigueur.
Pour raffurer mon ame, & calmer ma frayeur,
Mon aimable maîtreffe . . .

LE CHEVALIER.

Eh bien!

LE BARON.

Vient de m'écrire
Dans ce même moment les vers que je vais lire.
Qu'ils font tendres! mon cher; l'amour les a dictés,
Et toi-même, tu vas admirer leurs beautés.
On n'a jamais du cœur parlé mieux le langage;
Et du pur fentiment on voit qu'ils font l'ouvrage.
Je brûle de répondre à cet écrit galant;
C'eft ce qui caufe, ami, mon embarras préfent:
Car je fuis, pour te faire un aveu véritable,
Je fuis amant parfait, mais Poëte exécrable.
J'ai recours à ta verve, en cette extrêmité;
Ecoute, cependant, tu vas être enchanté.

(Il lit.)

Je ne veux qu'à vous feul révéler mon fecret.

J'aime; ce mot vous dit d'être discret,
Et vous prouve ma confiance.
Ne vous allarmez pas de cette confidence,
Vous auriez tort d'en paroître jaloux;
L'amour que je ressens, je le ressens pour vous.

LE CHEVALIER.
Est-ce une illusion? Je doute si je veille.

LE BARON.
Ce début te surprend, il charme ton oreille!
(Il reprend.)
L'amour que je ressens, je le ressens pour vous.
Je vous nomme sans que j'y pense;
Je souffre à regret votre absence,
Et sens, à votre aspect, les transports les plus doux.
J'ai du plaisir à vous l'écrire,
Et j'en aurai, si vous venez ce soir,
J'en aurai cent fois plus encore à vous le dire,
Puisque je jouirai de celui de vous voir.

LE CHEVALIER.
Juste ciel! Qui croiroit qu'une fille est capable....;

LE BARON.
Ami, n'est-il pas vrai qu'il paroit incroyable
Qu'une jeune personne ait ce talent parfait?

LE CHEVALIER.
Oui; la chose paroît incroyable, en effet.
(Il prend le papier des mains du Baron.)
Mais, par mes propres yeux, il faut que je m'assure.

LE BARON.

T'affurer ! Et de quoi ?

LE CHEVALIER.

C'eft-là fon écriture.

Je n'en puis plus douter, je reconnois fa main.

LE BARON.

Rens-moi donc ce billet.

LE CHEVALIER.

L'outrage eft trop certain.

LE BARON.

Quel outrage ? Répons.

LE CHEVALIER.

Ah ! ce coup-là m'affomme.

Auffi cruellement peut-on jouer un homme ?

LE BARON.

D'un tranfport poëtique eft-ce l'effet fubit ?

LE CHEVALIER.

C'eft moi qui fuis l'auteur des douceurs qu'on lui dit.
J'étouffe !

LE BARON.

Comment donc l'auteur ? Que veux-tu dire ?

LE CHEVALIER.

Perfide !

LE BARON.

Explique-toi, quel eft donc ce délire ?

LE CHEVALIER.

Confentir, m'ordonner de m'écrire en fon nom,
Pour envoyer mes vers, en fecret, au Baron ?

LE BARON.

Tu t'es donné, pour moi, la peine de produire
Ces vers que j'ai reçus, & que je viens de lire?
En vérité, mon cher, rien n'est plus obligeant.
Mais débrouille à mes yeux un fait si surprenant.

LE CHEVALIER.

Ah! Morbleu! Laisse-moi. Je suis d'une colere
Qui me . . .

LE BARON.

Qu'en ce moment ton courroux se modere,
Quelqu'un vient. C'est Lucile. O ciel! Je suis perdu,
Rens-moi ce papier.

LE CHEVALIER.

Non.

LE BARON.

Mon cœur est éperdu.

LE CHEVALIER.

J'ai peine, en la voyant, à contenir ma rage.

―――――――――――――――――

SCENE VII.

LE CHEVALIER, LE BARON, LUCILE.

LE CHEVALIER, à Lucile.

VOus avez, de mes vers, fait un fort noble usage,
Et je dois, hautement, vous en remercier;
Vous avez bien choisi pour me les envoyer.

LUCILE.

Quel est ce compliment ?

LE CHEVALIER.

Celui que je dois faire.

Le Baron peut, Madame, expliquer ce mystère.

LUCILE, *au Baron.*

Qui m'attire de lui l'accueil que je reçois ?

LE BARON.

Lucile, pardonnez.... Mais j'ai perdu la voix.

LUCILE.

Je suis, de votre trouble encore plus surprise.

LE CHEVALIER.

Votre cœur, à mes yeux, vainement se déguise ;
Le Baron m'a remis un garant trop certain...

LUCILE.

Quel garant ?

LE CHEVALIER.

Cet écrit tracé de votre main ,
Qui m'a de vos deux cœurs appris l'intelligence.

LUCILE.

Baron, parlez.

LE CHEVALIER.

Il parle assez par son silence ;
Et , si je suis joué, j'ai du moins la douceur
D'être le confident de son heureuse ardeur.

LUCILE.

Qu'apprens-je ! Juſte ciel !

LE CHEVALIER.

Vous voilà confondue,

Votre ſecret eſt ſçu.

LUCILE.

Cette peine m'eſt dûe,

Non pour avoir payé vos feux de mon mépris ;
A toute ame infidele on doit un pareil prix ;
Mais pour avoir compté ſur ſon ame imprudente,
Plus que ſur mes parens dont j'ai trompé l'attente,
Et pour m'être oubliée, expoſant mon ſecret,
Juſqu'à livrer ma gloire au danger d'un billet.

LE BARON.

Ces mots me font ſentir combien je ſuis coupable.
Mon amour, cependant, doit me rendre excuſable.
Je voulois vous répondre, & mon deſtin fatal
M'a fait avoir recours à mon propre rival.
J'étois . . .

LUCILE.

Epargnez-vous une inutile excuſe ;
Je ſuis ſeule coupable, & ſeule je m'accuſe.
Je ſçai qu'en rien, jamais vous ne vous obſervez.
Mes feux devoient, pour vous, être plus réſervés.

LE BARON.

Lucile, accablez-moi de toute votre haine,

Je

Je la mérite trop.

LE CHEVALIER.

Rien n'égale ma peine.

C'eſt peu d'avoir reçu l'affront le plus cruel,
Je me vois ſpectateur de leur feu mutuel.

LUCILE.

Je ne puis concevoir en moi cette imprudence.
Je ſuis inconſolable, & frémis, quand je penſe
Qu'un billet, échappé par indiſcrétion,
Suffit ſeul pour ternir la réputation;
Qu'il eſt, en un inſtant, répandu par l'envie,
Expliqué par la haine ou par la calomnie;
Et qu'il devient ſouvent, noirci de leur venin,
L'arrêt de notre honte écrit de notre main.

LE BARON.

Ah! vous portez trop loin les terreurs de votre ame.

LUCILE.

Non; mais ſi votre amour eſt égal à ma flamme,
Autant que moi, Baron, vous en ſerez puni;
Votre deſtin au mien ne ſera pas uni.

LE BARON.

Lucile, y ſongez-vous? quel diſcours eſt le vôtre?

LUCILE.

Mon oncle veut ce ſoir que j'en épouſe un autre;
Mais, ce qui doit encor beaucoup plus m'effrayer,
Il veut unir mes jours à ceux du Chevalier.

LE BARON.

Ah ciel !

LE CHEVALIER.

Ce que j'entends est-il bien véritable ?

LUCILE, au Baron.

La Marquife a dicté cet arrêt qui m'accable.

LE CHEVALIER, d'un ton ironique.

Vous voulez bien, Madame, en cet heureux moment,
Que je faffe éclater tout mon raviffement.

LUCILE.

Allez ; n'infultez point à ma douleur mortelle.

LE CHEVALIER.

Pour cacher mes tranfports, ma fortune eft trop
belle.

LE BARON.

Quoi ! n'étant point aimé, tu formerois des nœuds ?...

LE CHEVALIER.

Le parti que l'on m'offre eft trop avantageux ;
Si je n'en profitois, je ferois condamnable,
Et, pour la refufer, Madame eft trop aimable.

LE BARON.

De fon trouble & du mien, c'eft trop long-tems
jouir ;
Finis ta raillerie.

LE CHEVALIER.

Oui ; je vais la finir.

Ce moment fortuné qui venge mon outrage,
Sur mon rival aimé me donne l'avantage ;

Maître de votre fort, je fais trembler vos cœurs ;
Je n'ai qu'à dire un mot pour combler vos douleurs.
Mais, que vois-je ! vers nous la Marquise s'avance ;
Je frémis à mon tour, & garde le silence.
Voici l'inſtant fatal & critique pour moi.

S C E N E VIII.

LE COMMANDEUR, LA MARQUISE, LUCILE, LE CHEVALIER. LE BARON, FINETTE.

LE COMMANDEUR.

Oui, de vous croire, en tout je me fais une loi.

LA MARQUISE, *au Chevalier.*

Monſieur, préſentement, il n'eſt plus tems de feindre,
Quand j'ai tout découvert, ceſſez de vous contraindre ;
Je devrois vous punir de votre changement ;
Mais mon cœur, au-deſſus d'un vain reſſentiment ,
Monſieur, veut ſur lui-même obtenir la victoire ;
Il veut, dans ce qu'il fait, enviſager ſa gloire,
Et conſulter en tout l'honneur qui le conduit,
Le monde qu'il reſpecte & les égards qu'il ſuit.
Uniſſez-les, mon oncle, & comblez votre ouvrage ;
Le Chevalier n'a pas la richeſſe en partage ;
Elle attend tout de vous ; donnez-lui tous vos biens,

Et fongez qu'un époux m'a laiffé tous les fiens.
Pour rendre fa fortune égale à fa naiffance,
J'implore vos bontés, & c'eft-là la vengeance
Que je veux aujourd'hui, dans mon noble dépit,
Prendre d'une rivale à qui le fang m'unit.

LE COMMANDEUR.
(au Chevalier.)

J'applaudis cet effort. Avancez; il recule ;
Mais, je n'y conçois rien, cet homme eft ridicule,
Et je ne vis jamais un amant plus glacé.

LE CHEVALIER.

J'aurois tort, devant vous, de paroître empreffé;
Vous me croyez, Monfieur, aimé de votre Niéce,
Vous êtes dans l'erreur; un autre a fa tendreffe.

LE COMMANDEUR.

Qui donc en eft aimé? répondez, Chevalier?
Quoi! vous ne dites mot? le cas eft fingulier.
Quel eft donc cet amant que je voudrois connoître?
Mais il n'a qu'à parler, mais il n'a qu'à paroître.
Seroit-ce vous, Baron? vous vous taifez auffi;
A qui donc m'adreffer pour en être éclairci?
(montrant la Marquife.)
Ma Niéce s'eft trompée, & ne peut m'en inftruire;
Lucile qui le fçait, n'a garde d'en rien dire.

LUCILE.

Mon oncle, excufez-moi, je vais parler fans fard.

LE COMMANDEUR.
Un difcours fi nouveau me furprend de fa part.
LUCILE.
Puifqu'il faut, fans détour, vous découvrir mon ame,
Le Baron eft l'objet de ma fecrette flamme;
Mon malheur eft certain, fi l'hymen aujourd'hui
Unit ma deftinée à tout autre qu'à lui.
LE COMMANDEUR.
Eh! que ne parlois-tu plutôt? Quelle manie!
LUCILE.
Regardez ma coufine, elle me juftifie.
Je craignois, pardonnez à ma jaloufe erreur,
Que le Baron ne fût le maître de fon cœur;
Dans ce cruel foupçon, jugez de mes allarmes;
Que ne devois-je pas redouter de fes charmes?
Leur pouvoir m'effrayoit, & mon cœur n'a pas dû
Se flatter que le fien porteroit la vertu,
Jufques au point, Monfieur, de céder ce qu'il aime.
Eh! qui pourroit s'attendre à cet effort exrême?
Si votre ame irritée, après un tel aveu,
Ne peut me pardonner d'avoir caché mon feu,
Suivez votre colere, & puniffez mon crime,
En ne m'uniffant pas à l'objet que j'eftime;
Mais n'allez pas porter votre févérité,
Jufqu'à lier mes jours contre ma volonté.
LE COMMANDEUR, *à la Marquife.*
L'en croirons-nous, ma Niéce? Hem! tirez-moi
de peine?

LA MARQUISE.

Oui ; ma sincérité vous répond de la sienne.

LE COMMANDEUR.

Suivrai-je ma pitié? suivrai-je mon courroux?

(à la Marquise.)

Je suis embarrassé. Que me conseillez-vous?

LA MARQUISE.

D'écouter la tendresse, & de la rendre heureuse.

LE COMMANDEUR.

Il suffit ; j'en croirai votre ame généreuse :
Lucile, ma bonté t'accorde un plein pardon,
Et j'unis ton destin à celui du Baron.

LE BARON.

Quel bonheur!

LUCILE.

Je ne puis cacher ma joie extrême,
Mon oncle.

LE COMMANDEUR.

Oh! pour le coup, ce trait part du cœur même;
Elle est vraie à présent, & je n'en doute plus.

(montrant le Chevalier.)

Ma Niéce, embrasse-moi. Le voilà bien confus.

LE CHEVALIER.

Je ne puis l'être assez ; ce n'est pas que je voie
Avec un œil jaloux leur hymen & leur joie.

Tout ce qui fait ma peine, & mes justes regrets,
(à la Marquise.)
Madame, c'est d'avoir offensé vos attraits,
Permettez qu'à vos pieds....

LA MARQUISE.

Non, je vous en dispense;
Mes yeux se sont ouverts, grace à votre inconstance;
Lucile a démasqué votre cœur aujourd'hui;
Le mien, s'il oublioit que vous l'avez trahi,
Une seconde fois mériteroit de l'être,
Et, pour vous pardonner, il doit trop vous connoître.
D'abord, des sens trompeurs on suit l'impression;
Mais la raison bien-tôt chasse l'illusion.
D'avoir souffert vos soins le monde m'a blâmée;
Je dois rompre avec vous pour en être estimée.
J'ai, par égard pour elle, immolé mon amour,
Et, par respect pour moi, je vous fuis sans retour.

LE CHEVALIER.

Voilà l'arrêt fatal que j'ai dû le plus craindre;
Mais je l'ai mérité, j'aurois tort de me plaindre.
(Il sort.)

FINETTE, seule.

Pour moi, je l'applaudis; Monsieur, sur ce revers,
Peut faire une élégie & gémir en grands vers.

SCENE DERNIERE.

LE COMMANDEUR, LA MARQUISE, LUCILE, LE BARON, FINETTE.

LE COMMANDEUR, *à la Marquise.*

Tout ce que fait ma Niéce aujourd'hui m'édifie,
Même avec les égards il me réconcilie.
Leur pouvoir, dans le fond, est pour nous un soutien;
Il sert de frein au mal, & d'aiguillon au bien.
Le trop de défiance est ton défaut, Lucile;
Que pour toi sa bonté soit un modele utile;
Sa générosité doit guérir ton erreur;
Elle montre le prix des sentimens du cœur,
Et, par l'événement, tu vois que leur noblesse
Fait plus que tout l'esprit, & confond la finesse.

Fin du Tome second.